机械 CAD 基础教程

主　编　席振鹏
副主编　赵生虎　张晓明
主　审　郭新华

哈尔滨工业大学出版社

内容简介

本书精选教学实例,通过实例引出相关命令,以不同的实例灵活地反映命令的应用。结合机械制图和机械设计课程,阐述如何应用 AutoCAD 这一软件完成机械设计任务。本书前半部分主要讲述如何提高绘图效率,后半部分主要讲述如何用 AutoCAD 反映设计思想和设计思路。

本书可作为大中专院校 AutoCAD 教学的教材,并可作为 CAD 爱好者学习 AutoCAD 软件的参考书籍。

图书在版编目(CIP)数据

机械 CAD 基础教程/席振鹏等主编. —哈尔滨:哈尔滨工业大学出版社,2015.2(2021.1 重印)

ISBN 978-7-5603-5250-3

Ⅰ.①机… Ⅱ.①席… Ⅲ.机械设计:计算机辅助设计-AutoCAD 软件-教材 Ⅳ.①TH122

中国版本图书馆 CIP 数据核字(2015)第 032503 号

责任编辑	杨 桦
封面设计	卞秉利
出版发行	哈尔滨工业大学出版社
社 址	哈尔滨市南岗区复华四道街 10 号 邮编 150006
传 真	0451-86414749
网 址	http://hitpress.hit.edu.cn
印 刷	哈尔滨圣铂印刷有限公司
开 本	787 mm×1092 mm 1/16 印张 12.25 字数 276 千字
版 次	2015 年 2 月第 1 版 2021 年 1 月第 3 次印刷
书 号	ISBN 978-7-5603-5250-3
定 价	38.00 元

(如因印装质量问题影响阅读,我社负责调换)

前　言

作为应用最广泛的二维 CAD 软件，市场上关于 AutoCAD 的书籍很多，但多数适合作为自学读本，或作为短期教程，而不适合作为高等学校教材使用。适合作为教材的又没有和机械专业紧密结合的，本书的编写主要针对以上问题，力求适合高等应用型教育教学的需要。

本书不过分强调命令及参数的系统性，以应用软件完成机械设计任务为基本思路进行编写。教材精选教学实例，通过实例引出相关命令，结合机械制图和机械设计课程，阐述如何应用 AutoCAD 这一软件完成机械设计任务。本书前半部分主要讲述如何提高绘图效率，后半部分主要讲述如何用 AutoCAD 反映设计思想和设计思路。教材覆盖二维和三维 CAD 应用，体现现代设计思想，以 AutoCAD 2006 为蓝本进行编写，具有先进性。

本书共分 8 章，其中哈尔滨工业大学华德应用技术学院席振鹏编写第 1 章绪论、第 2 章 AutoCAD 的基础知识，孙立峰编写第 3 章 AutoCAD 基本命令的使用，王峰、张晓明编写第 4 章规范完成 AutoCAD 机械绘图，宁士军编写第 6 章使用 AutoCAD 进行减速器设计，呼伦贝尔学院赵生虎、哈尔滨工业大学华德应用技术学院李长威编写第 7 章 AutoCAD 三维设计入门，张晓明编写第 8 章打印与出图以及附录，呼伦贝尔学院赵生虎编写第 5 章典型机械零件 AutoCAD 设计。本书由席振鹏任主编，赵生虎、张晓明任副主编，由郭新华任主审。

本书编写过程中，得到了各界人士的帮助，并参考了相关 AutoCAD 书籍和国内外的相关资料，在此表示衷心的感谢。

由于编者水平有限，书中难免出现不足和疏漏之处，恳切希望使用本书的单位或个人提出宝贵意见。

编者
2015 年 1 月

目 录

第1章 绪论 ··· 1
  1.1 CAD 的技术发展 ·· 1
    1.1.1 什么是 CAD/CAM/CAE ·· 1
    1.1.2 AutoCAD 软件介绍 ··· 2
    1.1.3 AutoCAD 发展过程 ··· 4
    1.1.4 CAD 软件发展趋势 ··· 4
  1.2 安装 AutoCAD 2006 的软硬件配置要求 ··· 5
第2章 AutoCAD 的基础知识 ··· 6
  2.1 用户界面 ·· 6
  2.2 AutoCAD 的基本操作和设置 ··· 7
    2.2.1 AutoCAD 的基本操作 ·· 7
    2.2.2 绘图环境的设置 ·· 13
    2.2.3 图层的概念 ·· 15
  2.3 AutoCAD 中位置的确定 ··· 15
    2.3.1 坐标系 ·· 15
    2.3.2 对象捕捉和对象追踪 ·· 16
    2.3.3 缩放和平移 ·· 19
第3章 AutoCAD 基本命令的使用 ··· 22
  3.1 绘制直线 ··· 22
    练习图 ··· 23
  3.2 绘制圆 ·· 24
    练习图 ··· 26
  3.3 绘制多边形和矩形 ··· 27
    练习图 ··· 30
  3.4 绘制多段线 ·· 31
    练习图 ··· 33
  3.5 绘制圆弧 ··· 33
    练习图 ··· 35
  3.6 绘制椭圆和椭圆弧 ··· 36
    练习图 ··· 40
  3.7 绘制点 ·· 41
  3.8 其他编辑命令 ··· 43

第4章 规范完成 AutoCAD 机械绘图 45
4.1 文字类命令 45
4.1.1 单行文本 45
4.1.2 多行文本 47
练习图 50
4.2 尺寸的标注 50
4.2.1 线型标注 50
练习图 55
4.2.2 非线型标注 55
练习图 59
4.2.3 其他标注 59
4.2.4 公差标注 62
练习图 66
4.3 样板文件的使用 66
4.3.1 样板文件的设置 66
4.3.2 图形样板文件的调用 71
练习 71
4.4 图块的使用 72
练习图 77
4.5 三视图的绘制 78
4.5.1 实例一 78
练习图 84
4.5.2 实例二 85
练习图 89
4.5.3 实例三 90
练习图 101

第5章 典型机械零件 AutoCAD 设计 102
5.1 标准件设计 102
5.1.1 螺纹 102
5.1.2 轴承 105
5.2 轴类零件设计 108
5.3 盘类零件设计 112
5.4 壳体类零件设计 116
练习图 129

第6章 使用 AutoCAD 进行减速器设计 132
6.1 图块的设置 132
练习图 133
6.2 装配图绘制 134

第 7 章 AutoCAD 三维设计入门 ……………………………… 140
7.1 基础知识 …………………………………………………… 140
7.1.1 三维绘图环境 ……………………………………… 140
7.1.2 三维坐标系 ………………………………………… 142
7.2 典型形状绘制 ……………………………………………… 144
7.2.1 长方体 ……………………………………………… 144
7.2.2 球体 ………………………………………………… 145
7.2.3 圆柱体 ……………………………………………… 146
7.2.4 圆锥体 ……………………………………………… 147
7.2.5 楔体 ………………………………………………… 148
7.2.6 圆环体 ……………………………………………… 148
7.3 拉伸与旋转 ………………………………………………… 149
7.3.1 面域 ………………………………………………… 149
7.3.2 布尔运算命令 ……………………………………… 149
7.3.3 拉伸 ………………………………………………… 150
7.3.4 旋转 ………………………………………………… 151
7.4 消隐、着色与渲染 ………………………………………… 152
7.4.1 消隐 ………………………………………………… 152
7.4.2 着色 ………………………………………………… 153
7.4.3 渲染 ………………………………………………… 154
7.5 其他典型三维命令 ………………………………………… 156
7.5.1 三维阵列 …………………………………………… 156
7.5.2 三维镜像 …………………………………………… 158
7.5.3 三维旋转 …………………………………………… 159
7.5.4 三维实体圆角和倒角 ……………………………… 160
7.5.5 剖切和切割三维实体 ……………………………… 161
7.6 绘制减速器基本部件 ……………………………………… 163
7.6.1 平键与花键立体图 ………………………………… 163
7.6.2 传动轴的立体图 …………………………………… 165
7.6.3 轴承座的立体图 …………………………………… 168
7.6.4 齿轮的立体图 ……………………………………… 170
7.6.5 箱体的立体图 ……………………………………… 172

第 8 章 打印与出图 ………………………………………………… 176
8.1 设置打印参数 ……………………………………………… 176
8.2 页面设置 …………………………………………………… 178

附录 …………………………………………………………………… 180
附录 1 AutoCAD 2006 常用命令 ……………………………… 180
附录 2 AutoCAD 2005、2006 及 2007 新版的改进详情 …… 182

参考文献 ……………………………………………………………… 186

第1章 绪 论

本章主要讲授与 CAD 相关的基础知识和 AutoCAD 软件的特点。

1.1 CAD 的技术发展

1.1.1 什么是 CAD/CAM/CAE

CAD(Computer Aided Design)即计算机辅助设计,是制造业中产品设计时非常重要的工具,它运用大量非常复杂的数学模型进行计算,大大减轻了手工绘图设计模式中的工作量,极大地提高了设计效率。

CAM(Computer Aided Manufacturing)是计算机辅助制造。

CAE(Computer Aided Engineering)是用计算机辅助求解复杂工程和产品结构强度、刚度、屈曲稳定性、动力响应、热传导、三维多体接触和弹塑性等力学性能的分析计算以及结构性能的优化设计等问题的一种近似数值分析方法。其基本思想是将一个形状复杂的连续体的求解区域分解为形状简单的有限的子区域,即将一个连续体简化为由有限个单元组合的等效组合体;通过将连续体离散化,把求解连续体的场变量(应力、位移、压力和温度等)问题简化为求解有限的单元节点上的场变量值。此时,求解的基本方程将是一个代数方程组,而不是原来描述真实连续体场变量的微分方程组,得到的是近似的数值解,求解的近似程度取决于所采用的单元类型、数量以及对单元的插值函数。

CAPP(Computer Aided Process Planning),中文翻译为计算机辅助工艺过程设计。CAPP 是一种将企业产品设计数据转换为产品制造数据的技术,通过使用这种计算机技术辅助工艺、设计人员完成从毛坯到成品的设计。CAPP 系统的应用为企业数据信息的集成打下坚实的基础。

CAD 是一个包含范围很广的概念,概括来说,CAD 的设计对象有两大类,一类是机械、电气、电子、轻工和纺织产品;另一类是工程设计产品,即工程建筑,国外简称 AEC (Architecture Engineering & Construction)。而如今,CAD 技术的应用范围已经延伸到艺术、电影、动画、广告和娱乐等领域,产生了巨大的经济及社会效益,有着广泛的应用前景。

CAD 在机械制造行业的应用最早,也最为广泛。采用 CAD 技术进行产品设计不但可以使设计人员"甩掉图板",更新传统的设计思想,实现设计自动化,降低产品的成本,提高企业及其产品在市场上的竞争能力,还可以使企业由原来的串行式作业转变为并行式作业,建立一种全新的设计和生产技术管理体制,缩短产品的开发周期,提高劳动生产率。

如今,世界各大航空、航天及汽车等制造业巨头不但广泛采用 CAD/CAM 技术进行产品设计,而且投入大量的人力物力及资金进行 CAD/CAM 软件的开发,以保持自己技术上的领先和国际市场上的优势。

1.1.2 AutoCAD 软件介绍

AutoCAD 软件是美国 Autodesk 公司开发的产品,它将制图带入了个人计算机时代。AutoCAD 软件现已成为全球领先的、使用最为广泛的计算机绘图软件,用于二维绘图、详细绘制、设计文档和基本三维设计。自从 1982 年 Autodesk 公司首次推出 AutoCAD 软件,就在不断地进行完善,陆续推出了多个版本,AutoCAD 2006 是 AutoCAD 软件的第 20 个版本,其性能得到了全面提升,使你的日常工作变得更加高效。

由于 AutoCAD 制图功能强大,应用面广,现已在机械、建筑、汽车、电子、航天、造船、地质、服装等多个领域得到了广泛应用,成为工程技术人员的必备工具之一。

建筑领域运用 AutoCAD 绘制的平面图,如图 1.1 所示。

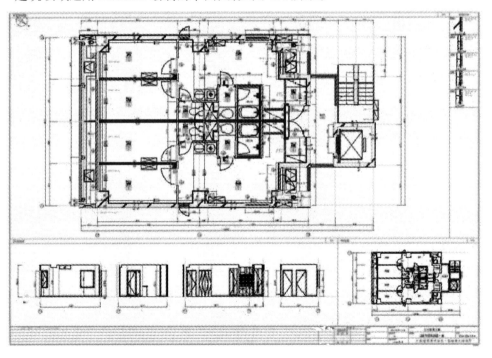

图 1.1　AutoCAD 绘制的建筑平面图

AutoCAD 不仅可以绘制工程图纸,它具有的三维技术还可以为客户提供逼真的三维效果图,图 1.2 为室外建筑三维效果图。

图 1.2 AutoCAD 绘制的三维效果图

AutoCAD 绘制的机械产品三维图,如图 1.3 所示。

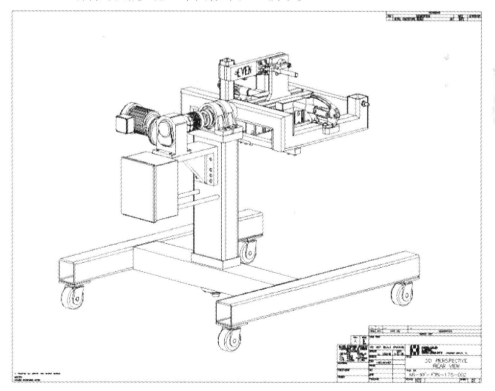

图 1.3 AutoCAD 绘制的机械产品三维图

1.1.3 AutoCAD 发展过程

AutoCAD 的发展过程可分为初级阶段、发展阶段、高级发展阶段、完善阶段和进一步完善阶段五个阶段。

在初级阶段里，AutoCAD 更新了以下五个版本。

1982 年 11 月，首次推出了 AutoCAD 1.0 版本。

1983 年 4 月，推出了 AutoCAD 1.2 版本。

1983 年 8 月，推出了 AutoCAD 1.3 版本。

1983 年 10 月，推出了 AutoCAD 1.4 版本。

1984 年 10 月，推出了 AutoCAD 2.0 版本。

在发展阶段里，AutoCAD 更新了以下版本。

1985 年 5 月，推出了 AutoCAD 2.17 版本和 2.18 版本。

1986 年 6 月，推出了 AutoCAD 2.5 版本。

1987 年 9 月后，先后推出了 AutoCAD 9.0 版本和 9.03 版本。

在高级发展阶段里，AutoCAD 经历了以下三个版本，使 AutoCAD 的高级协助设计功能逐步完善。

1988 年 8 月，推出了 AutoCAD 10.0 版本。

1990 年，推出了 AutoCAD 11.0 版本。

1992 年，推出了 AutoCAD 12.0 版本。

在完善阶段中，AutoCAD 经历了以下三个版本，逐步由 DOS 平台转向 Windows 平台。

1996 年 6 月，AutoCAD R13 版本问世。AutoCAD R13 有 for DOS 和 for Windows 两个版本，以后为 for Windows 版本。

1998 年 1 月，推出了划时代的 AutoCAD R14 版本。

1999 年 1 月，推出了 AutoCAD 2000 版本。

在进一步完善阶段中，AutoCAD 经历了以下两个版本，功能逐渐加强。

2001 年 9 月，Autodesk 公司向用户发布了 AutoCAD 2002 版本。

2003 年 5 月，Autodesk 公司推出了 AutoCAD 2004 版本。

2004 年和 2005 年，Autodesk 公司分别推出了 AutoCAD 2005 版本和 AutoCAD 2006 版本。

目前的最新版本是 AutoCAD 2007。

1.1.4 CAD 软件发展趋势

(1) 标准化 CAD/CAM 系统可建立标准零件数据库、非标准零件数据库和模具参数数据库。标准零件数据库中的零件在 CAD 设计中可以随时调用，并采用 GT(成组技术)生产。非标准零件数据库中存放的零件，虽然与设计所需结构不尽相同，但利用系统自身的建模技术可以方便地进行修改，从而加快设计过程；结构库是在参数化设计的基础上实现的，按用户要求对相似模具结构进行修改，即可生成所需的结构。

(2) 集成化技术。现代模具设计制造系统不仅应强调信息的集成,更应强调技术、人和管理的集成。在开发模具制造系统时强调"多集成"的概念,即信息集成、智能集成、串并行工作机制集成及人员集成,这更适合未来制造系统的需求。

(3) 智能化技术。应用人工智能技术既要实现产品生命周期(包括产品设计、制造、使用等)各个环节的智能化,生产过程(包括组织、管理、计划、调度、控制等)各个环节的智能化,以及模具设备的智能化,也要实现人与系统的融合及人在其中智能的充分发挥。

(4) 网络技术的应用。网络技术包括硬件与软件的集成实现,各种通信协议及制造自动化协议,信息通信接口,系统操作控制策略等,是实现各种制造系统自动化的基础。目前早已出现了通过 Internet 实现跨国界模具设计的成功例子。

(5) 多学科多功能综合产品设计技术。产品的开发设计不仅用到机械科学的理论与知识,而且还用到电磁学、光学、控制理论等知识。产品的开发要进行多目标全性能的优化设计,以追求模具产品动静态特性、效率、精度、使用寿命、可靠性、制造成本与制造周期的最佳组合。

(6) 逆向工程技术的应用。在许多情况下,一些产品并非来自设计概念,而是来源于另外一些产品或实物。要在只有产品原型或实物模型,而没有产品图样的条件下进行模具的设计和制造就需要通过对实物的测量,然后利用测量数据对实物的 CAD 几何模型进行重新构造,这种过程就是逆向工程 RE(Reverse Engineering)。逆向工程能够缩短从设计到制造的周期,是帮助设计者实现并行工程等现代设计概念的一种强有力的工具,目前在工程上正得到越来越广泛的应用。

(7) 快速成形技术。快速成形制造技术 RPM(Rapid Prototyping & Manufacturing)是基于层制造原理,迅速制造出产品原型,而与零件的几何复杂程度无关,尤其在具有复杂曲面形状的产品制造中更能显示其优越性。它不仅能够迅速制造出原型供设计评估、装配校验、功能试验,而且还可以通过形状复制快速经济地制造出产品模具(如制造电极时用于 EDM 加工),从而避免了传统模具制造的费时、高成本的 NC 加工,因而 RPM 技术在模具制造中发挥着越来越重要的作用。

1.2 安装 AutoCAD 2006 的软硬件配置要求

1. AutoCAD 2006 操作系统要求

Windows XP HOME / Windows XP PRO ffisional/ Windows TABLET PC / Windows 2000 SP4

2. AutoCAD 2006 硬件要求

CPU:奔腾 3 800 MHz 或更高

内存:512M 或更高

浏览器:IE 6 SP1

显示:1024×768(真彩色)

硬盘:需要安装 500M

第 2 章 AutoCAD 的基础知识

本章主要讲授应用 AutoCAD 2006 绘图的一些基础知识,包括坐标系、对象捕捉、对象追踪、缩放和平移等,作为学习 AutoCAD 2006 的背景知识。

2.1 用户界面

在学习使用 AutoCAD 2006 绘制图形之前,首先应当熟悉操作界面,了解各区域的用途。启动 AutoCAD 2006 之后,打开工作界面,界面如图 2.1 所示。

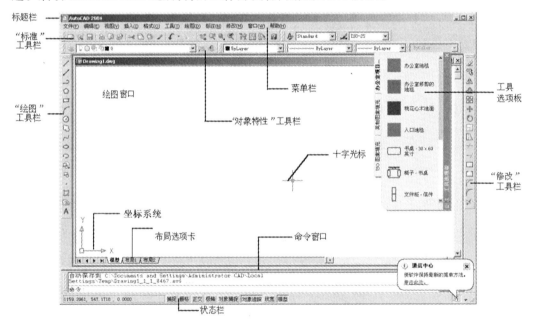

图 2.1　AutoCAD 2006 界面

1.标题栏

标题栏在界面的顶部,它显示了软件的名称 AutoCAD 2006 和图标。如果绘图窗口最大化显示,标题栏中还会显示当前打开的图形文件名称和路径。如果是当前新建的图形文件尚未保存,则显示"Drawing1.dwg"。

2.菜单栏

在标题栏的下面是菜单栏,点击任何一个菜单名称,都会弹出相应的下拉菜单,这是 AutoCAD 2006 的主要功能选项,包含了几乎全部的功能命令。

3. 工具栏

除了执行菜单命令进行各种操作，AutoCAD 提供的另一种执行命令的方式就是工具栏。每个工具栏中都包含多个图标命令按钮，点击这些按钮就可以调用相应的 AutoCAD 命令。

4. 绘图窗口

AutoCAD 界面中最大的空白区域就是绘图窗口区域。如果用户关闭一些工具栏，则可以扩大绘图窗口，绘图窗口有竖向和横向的滚动滑块，移动滑块可以观察窗口中的不同区域。在绘图窗口的下方有模型和布局选项卡，用户可通过点击选项卡来切换绘图窗口中的模型空间和图纸空间。

5. 命令窗口

在绘图窗口的下方是命令窗口，它是用户与 AutoCAD 进行对话的窗口，通过命令窗口发出绘图命令，与菜单和工具栏按钮功能相同。在绘图时，无论是选择菜单命令，还是使用工具按钮，或者是在命令窗口输入命令，命令窗口中都会有提示信息，如出错信息、命令选项和提示信息等。

6. 状态栏

状态栏在 AutoCAD 界面的最底部，左侧数值显示的是当前十字光标所处的三维坐标值，中间是绘图辅助工具的开关按钮，包括捕捉、栅格、正交、极轴、对象捕捉、对象追踪、DYN（动态数据输入）、线宽和模型。点击任意一个绘图辅助工具开关按钮，可将它们切换成打开或关闭状态。按钮凹陷时，是打开状态，表示启动了该项操作；按钮凸起时，是关闭状态。在按钮上点击鼠标右键时，会弹出一个菜单，可以选择设置命令，打开该辅助工具的设置对话框修改选项。

7. 图纸集管理器和工具选项板

默认方式启动 AutoCAD 2006 时，会弹出图纸集管理器和工具选项板，其中的工具可以方便操作，但在不用时可以暂时关闭。需要时选择菜单命令"工具/图纸集管理器"或"工具/工具选项板"即可打开。

2.2 AutoCAD 的基本操作和设置

2.2.1 AutoCAD 的基本操作

1. 新建文件和保存文件

新建文件可以通过文件菜单的新建或点选标准工具栏的新建图标进行，执行命令后显示如图 2.2 所示对话框，提示选择模版类型，AutoCAD 提供 ISO 等标准模版，这里建议按第 4 章所讲建立自用模版，如无其他要求可以打开 acadiso.dwt 公制模版作为初始设置（acad.dwt 公制为英制模版），或通过点击打开旁边的三角选择"无样板打开公制"，如图 2.3 所示。

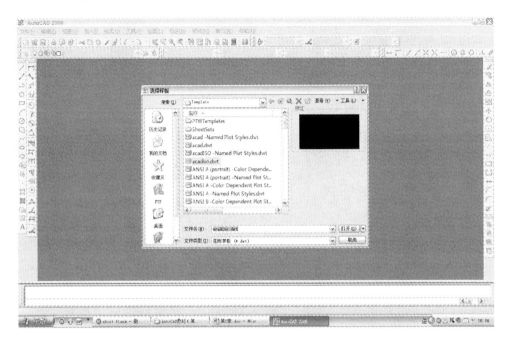

图 2.2　新建文件

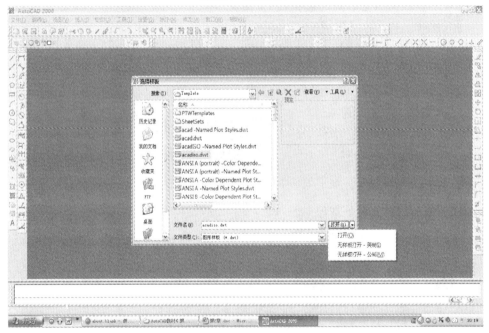

图 2.3　按公制无样板打开

保存文件可以通过点击保存图标或从文件菜单从选择保存进行,在文件名位置输入所需文件名选择保存即可,如图 2.4,图 2.5 所示。

提示:第二次保存同一个文件不显示对话框,不需要输入文件名。

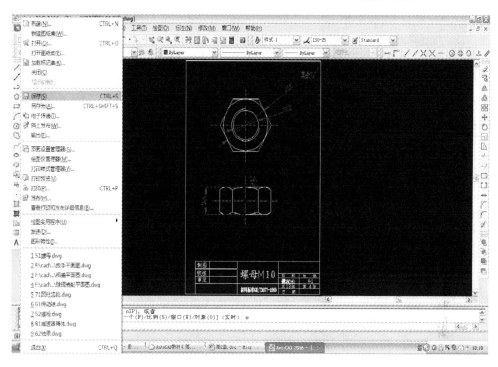

图 2.4 保存文件

图 2.5 保存文件时输入文件名

2.保存文件副本

保存副本(改名保存)操作是在文件菜单中选择保存副本,并在弹出对话框中的文件名位置输入文件名,在保存于中选择存盘路径,如图2.6所示。

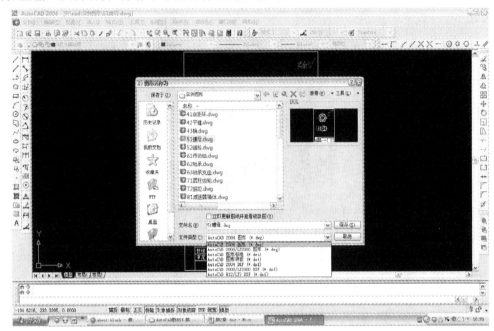

图2.6 保存文件副本

说明:可以在文件类型中选择要保存的文件类型,AutoCAD提供如下文件类型。

Dwg:标准 AutoCAD 文件,根据 AutoCAD 版本的不同,又有所区别。

Dwt:AutoCAD 样板文件(第4章介绍)。

Dxf:AutoCAD 提供的交换文件格式,便于与其他软件交换文件使用。

3. AutoCAD 中命令的输入方式

AutoCAD 命令的输入方式有如下四种。

菜单输入:通过下拉菜单选择命令。

工具栏输入:通过点选工具栏相关按钮输入。

命令行输入:通过在命令行输入命令(如在命令行输入 LINE),AutoCAD 中提供命令的快捷输入,如 LINE 命令可以快捷输入 L,详细的快捷输入可以参考附录1。

鼠标右键输入:用于重复上一条命令。

4. AutoCAD 中鼠标右键的作用

AutoCAD 使用过程中鼠标右键的应用频率较高,主要可以完成以下任务。

(1)在执行一条命令的过程中,点击鼠标右键可以选择命令的子命令或选择结束此条命令,如图2.7所示。

(2)在没有任何命令输入的前提下,在屏幕上点击鼠标右键,可以选择当前的输入,或重复上一条命令,如图2.8所示。

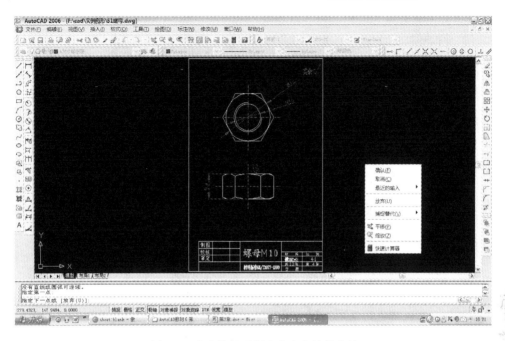

图 2.7　命令执行过程中点击右键的菜单

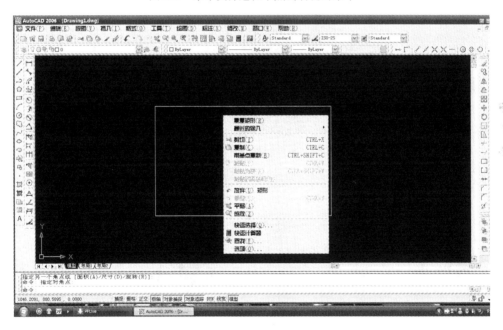

图 2.8　无命令输入时点击右键的菜单

(3)选择夹点的前提下,点击鼠标右键,可以进行夹点操作,如图 2.9 所示。

夹点:用鼠标左键点击图形,图形上便会出现许多蓝色小方框,这些就是夹点。通过控制夹点便能进行一些基本的编辑操作,如 COPY(复制),MOVE(移动),改变图形所在的图层等基本操作。而且不同的图形,还有其特殊的操作,如直线有延伸操作。

(4)在工具栏上点击鼠标右键,可以对工具栏进行操作,如选择当前显示的工具栏(在

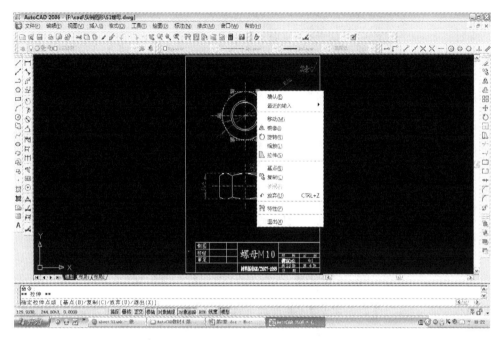

图 2.9 夹点操作

相关项目前加上对号),如图 2.10 所示。

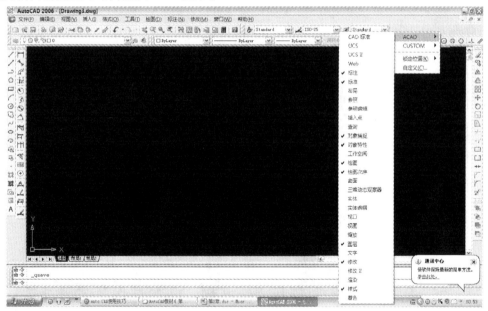

图 2.10 应用右键对工具栏操作

此操作也可以通过选择视图菜单中的工具栏进行操作。

（5）在状态栏上点击鼠标右键可以对相关项目进行操作，如在对象捕捉工具按钮上点击鼠标右键选择设置，出现如图 2.11 所示"草图设置"对话框。

图 2.11 "草图设置"对话框

2.2.2 绘图环境的设置

（1）选择菜单命令"工具/选项"，打开"选项"对话框，点击"显示"选项卡，在其下面的"窗口元素"窗格中点击颜色按钮，如图 2.12 所示。

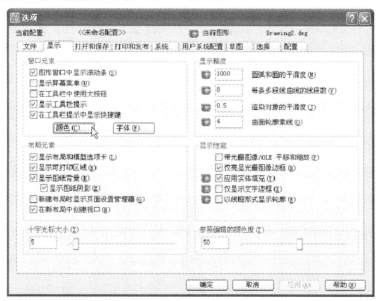

图 2.12 "选项"对话框——显示标签

(2)此时打开"颜色选项"对话框,点击"窗口元素"下面的三角形按钮,在弹出的下拉列表中选择模型空间背景,如图 2.13 所示。

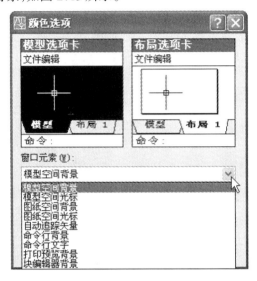

图 2.13　颜色选项卡——窗口元素

(3)点击颜色右侧的三角形按钮,在弹出的下拉列表中选择白色,如图 2.14 所示。

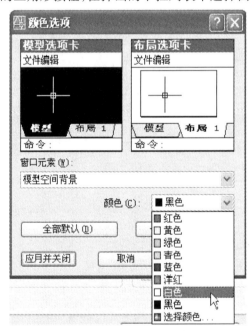

图 2.14　颜色选项卡——颜色

(4)此时在对话框中模型选项卡的背景颜色设置为白色,点击应用并关闭按钮,如图 2.15 所示,结束操作,此时视图中的模型选项卡的背景将显示为白色。

图 2.15 颜色选项卡

2.2.3 图层的概念

为了理解图层的概念,首先回忆一下手工制图时用透明纸作图的情况:当一个图形过于复杂或图形中各部分干扰较大时,可以按一定的原则将其分解为几个部分,然后分别将每一部分按着相同的坐标系和比例画在透明纸上,完成后将所有透明纸按同样的坐标重叠在一起,最终得到一个完整的图形。当需要修改其中某一部分时,可以将要修改的透明纸抽取出来单独进行修改,而不会影响到其他部分。

AutoCAD 中的图层就相当于完全重合在一起的透明纸,用户可以任意的选择其中一个图层绘制图形,而不会受到其他图层上图形的影响。例如,在建筑图中,可以将基础、楼层、水管、电气和冷暖系统等放在不同的图层进行绘制;在印刷电路板的设计中,多层电路的每一层可以在不同的图层中分别进行设计。在 AutoCAD 中每个图层都以一个名称作为标识,并具有颜色、线型、线宽等各种特性和开、关、冻结等不同的状态。

2.3　AutoCAD 中位置的确定

2.3.1　坐标系

1.笛卡儿坐标系

笛卡儿坐标系又称平面直角坐标系,由一个原点(坐标为(0,0))和两个通过原点的、互相垂直的坐标轴构成。其中,水平方向的坐标轴为 x 轴,以向右为其正方向;垂直方向的坐标轴为 y 轴,以向上为其正方向。平面上任何一点 P 都可以由 x 轴和 y 轴的坐标来定义,即用一对坐标值(x,y)来定义一个点。例如,某点的直角坐标为(3,4)。在二维坐标的基础上增加 z 坐标,就代表了空间点的位置,这在三维绘图时会有所应用。

2. 极坐标系

极坐标系是由一个极点和一个极轴构成,极轴的方向为水平向右。平面上任何一点 P 都可以由该点到极点的连线长度 $L(L>0)$ 和连线与极轴的交角 α(极角,逆时针方向为正)所定义,即用一对坐标值 $(L<\alpha)$ 来定义一个点,其中"<"后的 α 值表示角度。例如,某点的极坐标为 $(5<30)$。

3. 相对坐标

在某些情况下,用户需要直接通过点与点之间的相对位移来绘制图形,而不想指定每个点的绝对坐标。为此,AutoCAD 提供了使用相对坐标的方式。所谓相对坐标,就是某点与相对点的相对位移值,在 AutoCAD 中相对坐标用"@"标识。使用相对坐标时,可以使用笛卡儿坐标,也可以使用极坐标,可根据具体情况而定。例如,某一直线的起点坐标为 $(5,5)$、终点坐标为 $(10,5)$,则终点相对于起点的相对坐标为 $(@5,0)$,用相对极坐标表示应为 $(@5<0)$。

4. 坐标值的显示

在屏幕底部状态栏中显示当前光标所处位置的坐标值,该坐标值有三种显示状态。

(1) 绝对坐标状态:显示光标所在位置的坐标。

(2) 相对坐标状态:在相对于前一点来指定第二点时可使用此状态。

(3) 关闭状态:颜色变为灰色,并"冻结"关闭时所显示的坐标值。

用户可根据需要在这三种状态之间进行切换,方法也有三种。

(1) 连续按 F6 键可在这三种状态之间相互切换。

(2) 在状态栏中显示坐标值的区域,双击也可以进行切换。

(3) 在状态栏中显示坐标值的区域,单击右键可弹出快捷菜单,可在菜单中选择所需状态。

5. WCS 和 UCS

AutoCAD 系统为用户提供了一个绝对的坐标系,即世界坐标系(WCS)。通常,AutoCAD 构造新图形时将自动使用 WCS。虽然 WCS 不可更改,但可以从任意角度、任意方向来观察或旋转。相对于 WCS,用户可根据需要创建无限多的坐标系,这些坐标系称为用户坐标系(UCS,User Coordinate System)。用户使用 UCS 命令来对 UCS 进行定义、保存、恢复和移动等一系列操作,如果在 UCS 下想要参照 WCS 指定点,则在坐标值前加星号"*"。

2.3.2 对象捕捉和对象追踪

1. 对象捕捉

在绘图过程中,用户经常需要根据对象上的一个点来绘制图形,如曲线上的中点、端点和交点等。此时就需要启用对象捕捉工具,将十字光标强制性地准确定位在对象特定点的位置上。例如,需要将两条直线的交点位置作为起点再绘制一条直线时,如果仅靠视觉是无法准确无误地选择交点位置的,使用对象捕捉时,就可以将十字光标准确地定位在交点上。

(1) 在状态栏中,用鼠标右键点击对象捕捉按钮,在弹出的快捷菜单中选择设置,此时打开"草图设置"对话框,在对象捕捉选项卡上,勾选启用对象捕捉,如图 2.16 所示。默认情况下,状态栏对象捕捉按钮是被按下的,该功能处于启动状态。

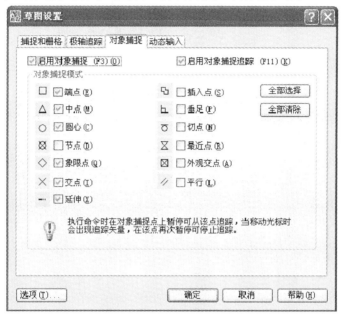

图 2.16 "对象捕捉"对话框

(2)默认情况下,勾选的项目是启用的捕捉模式,左侧的图标是捕捉点的标记。取消端点、圆心、交点和延伸项目的勾选,勾选中心,点击确定按钮,启用对象捕捉。

(3)执行一个绘图命令,例如,点击直线按钮,当光标移到对象上的对象捕捉位置时,将显示捕捉标记和提示,如图 2.17 所示,不仅显示了中点的标记,还显示了标记的名称为"中点",此功能称为自动捕捉。

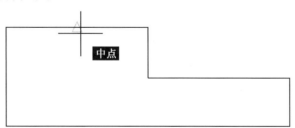

图 2.17 使用对象捕捉

(4)右键点击工具栏的空白位置,在弹出的快捷菜单中选择对象捕捉,此时视图中显示出"对象捕捉"工具栏,如图 2.18 所示。

图 2.18 "对象捕捉"工具栏

点击工具栏中的捕捉到端点按钮,将十字光标移至对象位置时,显示出端点捕捉标记,如图 2.19 所示。

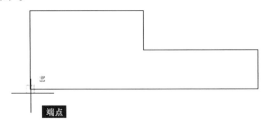

图 2.19　通过选择对象捕捉选择端点

(5)在状态栏中再次点击对象捕捉按钮,可以关闭该功能。

2. 对象追踪

启用对象捕捉只能捕捉对象上的点。AutoCAD 还提供了对象追踪捕捉工具,捕捉对象以外空间的一个点,可以沿指定方向(称为对齐路径)按指定角度或与其他对象的指定关系捕捉一个点。

(1)点击状态栏中的对象捕捉和对象追踪按钮,启用这两项功能。

(2)执行一个绘图命令,例如,点击直线按钮,将十字光标移动到一个对象捕捉点处作为临时获取点,但此时不要点击它,当显示出捕捉点标识之后,停顿片刻即可获取该点,已获取的点将显示一个小加号"+",一次最多可以获取七个追踪点。获取点之后,当移动十字光标时,将显示相对于获取点的水平、垂直或极轴对齐的路径虚线。

图 2.20 为基于对象端点显示出的水平虚线,可以在这个水平虚线上任意位置点击,确定一个点的位置。

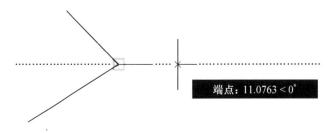

图 2.20　应用对象捕捉获取点

如图 2.21,在获取了一个端点和一个中点之后,显示出中点的水平虚线和端点的垂足虚线,此时点击鼠标,即可在这两个虚线相交的位置确定一个点的位置。

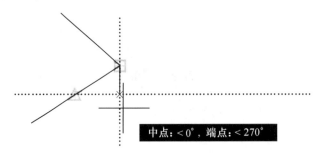

图 2.21　应用对象捕捉获取多个点

2.3.3 缩放和平移

1. 缩放（ZOOM）

ZOOM 命令类似于照相机的镜头，可以放大或缩小屏幕所显示的范围，但对象的实际尺寸并不发生变化。该命令的用法非常灵活，具有多个选项来提供不同的功能，详细内容见表 2.1 所示。

表 2.1 ZOOM 命令参数

选项类型	说　　明
ALL（全部）	显示图形界限区域和整个图形范围
EXTENTS（范围）	显示整个图形范围
SCALE（比例）	以指定的比例因子显示图形范围，比例因子为 1，则屏幕保持中心点不变，显示范围的大小与图形界限相同；比例因子为其他值，如 0.5，2 等，则在此基础上缩放 此外，还可用 nx 的形式指定比例因子，比例因子为 1x，表示保持当前显示范围不变；比例因子为其他值，如 0.5x，2x 等，则在当前范围的基础上进行缩放
CENTER（中心点）	显示由中心点和高度（或缩放比例）所定义的范围，如图 2.22 所示
WINDOW（窗口）	显示由两个角点所定义的矩形窗口内的部分
DYNAMIC（动态）	在屏幕上动态的显示一个视图框，以确定显示范围。视图框的操作同 Aerial View（鸟瞰视图）
PREVIOUS（上一个）	显示前一个视图，最多可恢复此前的十个视图
REALTIME（实时）	根据鼠标移动的方向和距离确定显示比例。垂直移动表示放大；垂直向下移动表示缩小；移动窗口高度的一半距离表示缩放比例为 100%
IN/OUT（放大／缩小）	用于菜单和工具栏中，相当于指定比例因子为 2x/0.5x

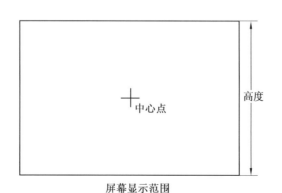

图 2.22 使用 Center 选项确定图形显示范围

ZOOM 命令可以通过如下方式调用。

工具栏:如图 2.23 所示。

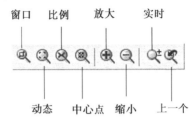

图 2.23　与 ZOOM 命令相关的工具栏按钮

菜单:VIEW(视图)/ZOOM(缩放)/子菜单,如图 2.24 所示。
命令行:ZOOM(或别名 Z)。
快捷菜单:执行 ZOOM 命令后单击鼠标右键。
说明:ZOOM 命令可透明地使用。

图 2.24　ZOOM 命令菜单

2．用 3D 和 4D 鼠标控制图形的显示

3D 鼠标即微软智能鼠标(Microsoft IntelliMouse),这种鼠标除具有两个基本按键外,还有一个滑轮和滑轮按钮。在 AutoCAD 系统中可以使用 3D 鼠标来控制图形的显示。具体操作见表 2.2 所示。

表 2.2　3D 鼠标的功能定义

操　作	功　能
转动滑轮	向前为视图放大;向后为视图缩小
双击滑轮按钮	范围缩放(ZOOM EXTENTS)
按下滑轮按钮并拖动鼠标	实时平移(PAN REALTIME)
按下 Ctrl 键,同时按住滑轮按钮并拖动鼠标	平移(PAN)

4D 鼠标具有水平和垂直两个方向的滑轮和一个侧键按钮。在 AutoCAD 系统中同样支持 4D 鼠标来控制图形的显示,具体操作见表 2.3 所示。

表 2.3 4D 鼠标的功能定义

操　作	功　能
转动水平滑轮	水平方向上的平移,等价于使用水平滚动条
转动垂直滑轮	垂直方向上的平移,等价于使用垂直滚动条
按下 Ctrl 键,同时转动水平或垂直滑轮	向前(右)为视图放大;向后(左)为视图缩小
双击侧键	范围缩放(ZOOM EXTENTS)
按下侧键并拖动鼠标	实时平移(PAN REALTIME)
按下 Ctrl 键,同时按住侧键并拖动鼠标	平移(PAN)

还有一些鼠标没有滑轮,但增加了第三个键,其第三键的功能同滑轮按钮或侧键。

AutoCAD 中使用 3D,4D 鼠标控制图形显示,缺省情况下缩放因子设置为 10%,即每次转动滑轮都将按 10% 的增量进行放大或缩小。系统变量"ZOOMFACTOR"控制滑轮转动的增量变化。

此外,AutoCAD 还允许对侧键(第三键)的功能进行定义,如果将系统变量"MBUTTONPAN"设置为 0,则单击该键显示对象捕捉快捷菜单。在缺省情况下,系统变量"MBUTTONPAN"设置为 1。

3.平移

PAN 命令用于在不改变图形的显示大小的情况下,通过移动图形来观察当前视图中的不同部分,其调用方法如下。

工具栏:"STANDARD(标准)"工具栏→ 。

菜单:VIEW(视图)/PAN(平移)/REALTIME(实时)。

命令行:PAN(或快捷输入 P)。

调用该命令后,AutoCAD 提示如下。

按 Esc 键或 Enter 键退出,或右键单击显示快捷菜单。

按 Esc 键或 Enter 键可以退出实时平移命令,或单击右键从快捷菜单中选择"Exit(退出)"选项。除此之外,从快捷菜单中还可以选择其他与缩放和平移命令有关的选项。

PAN 命令还有" - PAN"的形式,用于指定一个位移来对图形进行平移操作。用户也可选择菜单"VIEW(视图)/PAN(平移)/POINT(点)"来调用" - PAN"命令。

"VIEW(视图)"下拉菜单中选择"PAN(平移)"菜单项,从其子菜单中选择 LEFT(左)、RIGHT(右)、UP(上)、DOWN(下)等选项,可使 AutoCAD 相应地向左、向右、向上、向下平移视图。

说明:PAN 命令可以透明地使用,即执行一个命令的同时执行 PAN 命令,可以通过菜单选择或输入" - PAN",其他透明执行的命令还有 ZOOM 等。

第 3 章 AutoCAD 基本命令的使用

本章主要讲授 AutoCAD 2006 中经常用到的绘图和编辑命令,并通过实例说明如何在 AutoCAD 中采用多种灵活的方法绘制基本图形,让读者掌握基本的绘图技巧。

3.1 绘制直线

绘图命令

在命令行输入 LINE<快捷输入 L>或单击绘图工具栏中图标 ╱ 可以起动直线命令,用于绘制连续的多条直线。

子命令:C 闭合,用于闭合两条以上的直线,最后一条直线将闭合到所绘制直线的起点。

实例 绘制正五角星(图 3.1)。

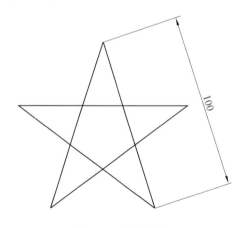

图 3.1 正五角形

1.方法

方法一

(1)键盘输入"L"(直线命令),在屏幕上任意选取一点作为第一点。
(2)应用相对极坐标输入第二点相对于第一点的坐标@100<0。
(3)应用同样的方法依次输入@100< -144,@100<72,@100< -72。
(4)输入"C"闭合。

方法二

(1)在状态栏极轴上单击右键,选择设置,在弹出的对话框中将极轴追踪设为 36°。
(2)键盘输入"L"(直线命令),在屏幕上任意选取一点作为第一点。
(3)沿极轴 0°, -144°,72°, -72°分别绘制直线,长度为 100(将鼠标停在极轴方向上,键盘输入 100)。

(4)输入"C"闭合。

2.绘图技巧分析

在方法一中,通过相对极坐标的方式给出各点的坐标的方法完成了五角形的绘制;在方法二中,采用了极轴和极轴追踪的方法绘制,提高了效率。应用中对经常使用的极轴在"极轴设置"中给定,然后沿极轴的方向给出极轴的长度即可定位下一点,这实际上是相对极坐标的一个灵活应用。

3.应注意的问题

(1)在使用极轴和极轴追踪的过程中要保证状态栏中极轴和极轴追踪处于打开的状态。

(2)AutoCAD 中,结束直线命令可以通过回车、点击鼠标右键等方法,这种方法在 AutoCAD 中是通用的,除以上两种方法还可以采用 Esc 键来结束命令。

(3)坐标输入过程中要注意相对和绝对、直角坐标和极坐标的合理使用。

练习图

1.

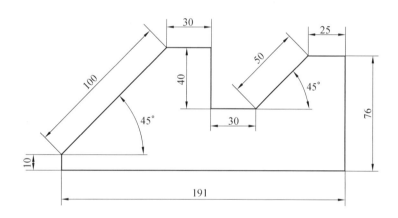

2.

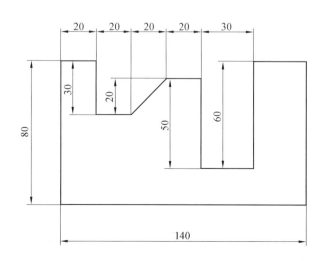

3.2 绘制圆

绘图命令

在命令行输入 CIRCLE <快捷输入 C> 或单击绘图工具栏中图标圆 ⊙ 可以起动圆命令,或单击下拉菜单中的圆命令选取用于绘制圆的各种方法。

命令行为:CIRCLE 指定圆的圆心或[三点(3p)/两点(2p)/相切,相切,半径(T)]。

其选项如下。

指定圆心:提示输入圆心。

三点(3p):切换到过三点画圆方式,随后提示输入圆周上的三个点。

两点(2p):切换到过两点画圆方式,随后提示输入直径上的两个端点。

相切,相切,半径(T):切换到过两切点与半径画圆方式,随后提示选取两个对象和输入半径。

编辑命令:删除、修剪、阵列

1.删除:去除不需要的元素

在命令行输入 ERASE <快捷输入 E> 或单击修改工具栏中图标 ✐ 可以起动删除命令,或单击下拉菜单中的"修改/删除"的操作方法。

具体操作是当发出删除命令后,先选择被删除的对象,然后按 Enter 键或 Space 键结束对象选择,同时删除选择的对象。

注意:使用 OOPS 命令,可以恢复最后一次使用"删除"的对象。如果要连续向前恢复被删除的对象,则需要使用取消命令 UNDO,也可通过标准工具栏上的"恢复"工具进行操作。

2.修剪

在命令行输入 TRIM <快捷输入 T> 或单击修改工具栏中图标 ⊣ 可以起动修剪命令,或单击下拉菜单中的"修改/修剪"的操作方法。

主要选项如下。

当前设置:投影=无,边=延伸。当前设置模式为非投影模式,延伸模式。

选择剪切边 ... 提示:选择剪切的边界。

选择对象:选择用做边界的对象。若按回车键,将以最近的候选对象作为剪切的边界采修剪。

选择要修剪的对象,或按住 Shift 键选择要延伸的对象,或[投影(P)/边(E)/放弃(U)]采修剪。

其中:选择修剪的对象为缺省项。所选对象上拾取点所在部分被剪掉。每次选择并修剪一个对象,可连续使用,直到回车确定结束为止。

按住 Shift 键选择要延伸的对象提供延伸功能。若按住 Shift 键选择与剪切的边界不相交的对象时,系统将选择的对象延伸至修剪边界。

投影(P):用于设置三维空间的对象修剪。

边(E):用于设置延长/非延长模式。在延长模式下,修剪对象将在边界的延长线处被修剪;在非延长模式下,只有直接相交的对象才能被修剪。

放弃(U):用于取消上次修剪操作,恢复到修剪的状态。

修剪命令可以选择对象作为边界,修剪图形中的其他对象。

修剪命令用于修剪指定的边界外的直线、圆弧、椭圆、多断线、样条曲线、构造线等。

在修剪时,应指定边界和需要剪掉的部分。

3.阵列:环形阵列

在命令行输入 ARRAY <快捷输入 A> 或单击修改工具栏中阵列图标，或单击下拉菜单中的"修改/阵列"都可以起动阵列命令

"中心内容"选项区域:在 X 和 Y 文本框中,输入环形阵列的中心点坐标,也可以单击右边的按钮切换到绘图窗口中,直接指定一点作为阵列的中心点。

"方法和值"选项区域:设置环行阵列复制的方法和值。其中,在"方法"下拉列表框中选择"环行"的方法,包括"项目总数和填充角度"、"项目总数和项目间的角度"、"填充角度和项目间的角度"三种,选择的方法不同,设置的值也不同。可以直接在对应的文本框中输入值,也可以通过单击相应按钮,在绘图窗口中指定。

"复制时旋转项目"复选框:设置在阵列时是否将复制出的对象旋转。

"详细"按钮:单击该按钮,对话框中将显示对象的基点信息,可以利用这些信息设置对象的基点。

实例 锁紧垫圈(图 3.2)。

1.方法

方法一

(1)键盘输入"L"(直线命令),在屏幕上任意选取一点作为第一点,画两条互相垂直的中心线。

(2)键盘输入"C"(圆命令),在屏幕上选取中心线的交点作为圆心点。

(3)选取圆心半径的方式输入半径(或直径)为50(或100),重复操作分别输入半径为25和35的圆作为内轮廓圆和中心线圆。

(4)打开捕捉,捕捉中心圆与中心线的交点为圆心作半径为5的小圆。

(5)选择直线命令打开捕捉选择切点点击小圆,然后打开正交方式画小圆左侧直线,同理画右侧直线。

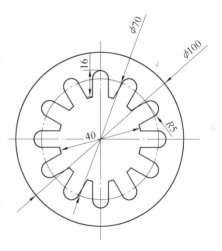

图 3.2 锁紧垫圈

(6)选择修剪命令,剪掉多余的线条,做出轮廓如图 3.2 所示。

(7)用极轴画 30°的中心线,重复步骤(4),(5),(6)分别画出其余的轮廓。

(8)修剪多余的线条。

方法二

(1) 重复方法一的步骤(1),(2),(3),(4),(5),(6)。

(2) 选择"阵列命令/环形阵列",输入数目为 12,中心点为中心线的交点,然后选择半

径为5的小圆及相切的直线轮廓,点击确定按钮,如图3.3所示。

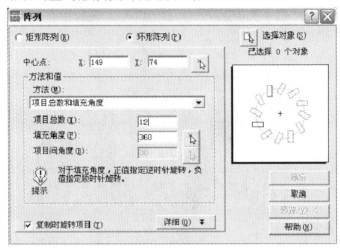

图3.3 "环形阵列"对话框

(3) 修剪掉不需要的线条,作图完毕。

2.绘图技巧分析

在方法一中,通过基本的圆与直线操作完成了图形的绘制,用起来比较繁琐;在方法二中,采用了阵列方法绘制提高了效率。应用中对经常使用的阵列及其他编辑命令应熟练掌握,然后根据实际情况灵活运用。

3.应注意的问题

在使用阵列命令时,一定要注意阵列的中心要选择正确,输入正确的阵列个数(图形本身也算在内)。

练习图

1.

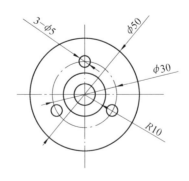

2.

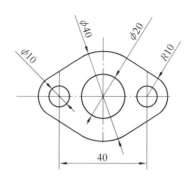

3.3 绘制多边形和矩形

绘图命令

1. 多边形

在命令行输入 POLYGEN＜快捷输入 P＞或单击绘图工具栏中图标多边形 ○ 可以起动多边形命令,或单击下拉菜单中的"绘图/多边形"命令选取用于绘制多边形的各种方法。其选项如下。

输入边数目〈4〉。

POLYGEN 指定圆多边形的中心点或[边(E)]。

内接于圆(I):内接于圆(I)绘制正多边形。

外切于圆(C):外切于圆(C)绘制正多边形。

指定圆的半径。

边(E):按边绘制正多边形。

指定边的第一个端点。

指定边的第二个端点。

2. 矩形

在命令行输入 RECTANG＜快捷输入 R＞或单击绘图工具栏中图标矩形 ▱ 可以起动矩形命令,或单击下拉菜单中的"绘图/矩形"命令选取用于绘制矩形的各种方法。其选项如下。

指定第一个角点或[倒角(C)/标高(E)/圆角(F)/厚度(T)/宽度(W)]。

第一个角点:指定矩形的第一个角点。

另一个角点:指定矩形的另一个角点。

倒角(C):设置矩形的 4 个顶点的倒角距离。

标高(E):指定与绘图平面的 Z 厚度(T)或坐标高度(标高)。

圆角(F):设置矩形的 4 个顶点的圆角半径。

厚度(T):指定矩形的厚度(沿 Z 轴)。

宽度(W):指定用于绘制矩形的多段线的宽度。

编辑命令:复制、镜像、偏移

1．复制

选择下拉菜单"修改/复制",或选取修改工具栏中的复制图标,或在命令提示行"命令:"下输入 COPY 命令,都可以激活该命令,主要选项如下。

COPY 命令用于复制单个或多个对象到指定的位置。

COPY 命令与 MOVE 命令相似,区别在于 COPY 命令保留原始图形,而 MOVE 命令则把原始图形删掉。

选择对象:选择要复制的图形。

指定基点或位移:基点为复制时命令的参考点,位移针对复制或移动方向而言。

指定位移的第二点或<用第一点作位移>:指定第二点或回车,如果指定第二点,则由基点和第二点确定位移矢量。如回车,则将前一提示项的输入值视为位移矢量。

2．镜像

镜像(MIRROR)命令用于生成轴对称图形。它是一种复制方法,称为镜像复制。在复制时,原对象既可保留,也可删除。

在命令行输入 MIRROR<快捷输入 MI>或单击修改工具栏中图标或单击下拉菜单中的"修改/镜像"都可以起动镜像命令,主要选项如下。

选择对象:选取要镜像复制的图形。

指定镜像线的第一点:指定轴对称线上的第一点。

指定镜像线的第二点:指定轴对称线上的第二点。

是否删除原对象?(是 Y 否 N)<N>:确定是否删除原图形? 用 YES/NO 回答。

3．偏移

OFFSET<快捷输入 O>命令是又一种复制方法,用来生成原图形的等距图形。直线的等距图形为平行线,圆的等距图形为同心圆,圆弧的等距图形为等圆心角的同心圆弧。

用偏移命令进行偏移复制时,有两种操作方式。

(1)指定偏移距离和偏移方向。

(2)指定偏移复制件的位置。

选取下拉菜单"修改/偏移",或选取修改工具栏中的偏移图标,或在命令提示行"命令:"下输入偏移命令,都可以激活该命令,主要选项如下。

指定偏移距离或(通过<T>)<5.0000>:设置偏移距离,或输入 T,切换到指定偏移位置方式。

当设置偏移距离时,提示如下。

选择要偏移的对象或<退出>:选择要偏移复制的对象,或退出命令。

指定点以确定偏移所在一侧:指定偏移到原图形的那一边。

当切换到指定偏移位置方式时,提示如下。

选择要偏移的对象或<退出>:选择要偏移复制的对象,或退出命令。

指定通过点:指定偏移复制件的位置。

实例 螺栓连接(图3.4)。

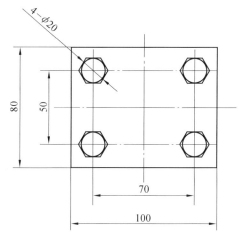

图 3.4 螺栓连接

1.方法

方法一

(1) 在命令菜单中单击"矩形命令"在屏幕上任意点一点,作为矩形的第一个顶点。

(2) 在命令中输入 D,回车。输入尺寸长 100,宽 80,用鼠标左键单击在屏幕右上方任意一点,得到矩形。

(3) 打开捕捉,捕捉中心,用直线连接矩形边框的中心,作为矩形的中心线。

(4) 选择偏移命令图标,输入距离 35,选择垂直的中心线,向左右各偏移一条直线。重复偏移命令,输入距离 25,选择水平的中心线,向上下各偏移一条直线。

(5) 选择圆命令图标,以步骤(4)中的四条直线的四个交点为圆心,以半径的输入方式,分别作四个半径为 10 的圆。

(6) 选择多边形图标,输入数目为 6,以圆心为正多边形的中心,选择内接(I)方式,分别作四个正六边形。

方法二

(1) 重复方法一的步骤(1),(2),(3),(4)。

(2) 选择圆命令图标,以方法一的步骤(4)中的四条直线的四个交点为圆心,以半径的输入方式,作半径为 10 的圆。

(3) 选择正多边形图标,输入数目为 6,以圆心为正多边形的中心,选择内接(I)方式,作一个正六边形。

(4) 选择复制命令,选择圆与正六边形为复制元素,按鼠标右键确定,然后以圆心为复制基点,选取另外三个交点为目标点,分别复制出圆与正六边形。

(5) 修剪不需要的线,作图完毕。

方法三

(1) 重复方法一的步骤(1),(2),(3),(4)。

(2) 选择圆命令图标,以方法一的步骤(4)中的四条直线的四个交点中的左上角交点为圆心,以半径的输入方式,作半径为 10 的圆。

(3) 选择正多边形图标,输入数目为 6,以圆心为正多边形的中心,选择内接(I)方式,作一个正六边形。

(4) 选择镜像命令,选择圆与正六边形为镜像元素,按鼠标右键确定,然后以垂直中心线为对称轴镜像出圆与正六边形。重复镜像命令,选择得出的两个圆与正六边形为元素,以水平中心线为对称轴镜像出另外两个圆与正六边形。

(5) 修剪不需要的线,作图完毕。

2.绘图技巧分析

在方法一中,通过基本的圆与矩形,正多边形操作完成了图形的绘制,用起来比较繁琐;在方法二中,采用了复制方法绘制提高了效率;在方法三中,采用了镜像命令也一样提高了效率。应用中对经常使用的复制、镜像及其他编辑命令应熟练掌握,然后根据实际情况灵活运用。

3.应注意的问题

(1) 在使用复制命令时,一定要注意复制的基点要选对,选择正确的目标点完成图形的绘制。

(2) 在使用镜像命令时,一定要注意对称轴要选则正确,否则,图形镜像的位置会不正确。选择对称轴时,应用对象捕捉和对象追踪的方式,比较方便。

练习图

1.

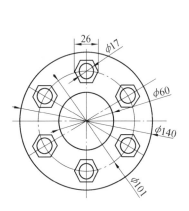

2.

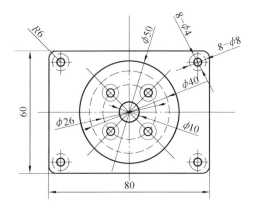

3.

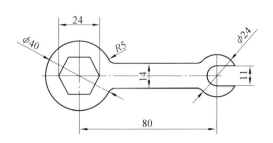

3.4 绘制多段线

绘图命令

在命令行输入 PLINE <快捷输入 PL> 或单击绘图工具栏中的多段线图标 ↵,或下拉菜单中的"绘图/多段线"启动多段线命令。

其选项如下。

指定起点:输入多段线的起点。

当前线宽为 0.000。

指定下一个点或[圆弧(A)/闭合(C)/半宽(H)/长度(L)/放弃(U)/宽度(W)]。

其各项意义如下。

指定下一个点:输入多段线的下一个点,缺省项。

圆弧(A):切换到圆弧方式,并给出相应的提示。

闭合(C):用直线段封闭多段线,结束命令。

半宽(H):设置随后绘制的多段线的线宽为前面线宽的一半。

长度(L):设置随后绘制的多段线长度。如果前一段为直线,则在线段的延长线的延长方向绘制直线段;如果前一段为圆弧,则在圆弧的切线方向,按设置的长度绘制直线段。

放弃(U):取消刚绘制的多段线,可顺序地回溯。

宽度(W):设置多段线的宽度,缺省值为 0,随后给出相应提示如下。

指定起点宽度 <0.000>:设置线段起点宽度。

指定终点宽度 <0.000>:设置线段终点宽度。

当选择 Arc 项时,给出一些提示:指定圆弧的终点或[角度(A)/圆心(CE)/方向(D)/半宽(H)/直线(L)/半径(R)/第二个点(S)/放弃(U)/宽度(W)]。

其各项意义如下。

指定圆弧的终点:输入圆弧的终点,缺省选项。

角度(A):切换到按中心角绘制圆弧的方式,随后给出相应的提示。

圆心(CE):切换到按圆弧中心绘制圆弧的方式,随后给出相应的提示。

方向(D):切换到指定圆弧起点的切线方向的绘制圆弧的方式,随后给出相应的提示。

半宽(H):设置随后绘制的多段线的线宽为前面线宽的一半。

直线(L):切换到直线方式。

半径(R):切换到圆弧半径绘制圆弧方式,随后给出相应的提示。

第二个点(S):切换到按第二点绘制圆弧方式,随后给出相应提示。

放弃(U):取消刚绘制的多段线,可顺序地回溯。

宽度(W):设置多段线的宽度。

子命令:C 闭合,用于闭合两条以上的多段线,最后一条直线将闭合到所绘制直线的起点。

编辑命令:偏移

实例:绘制样图(图3.5)。

1.方法

方法一

(1) 在工具菜单中单击多段线图标,在屏幕上任意点一点,作为多段线的第一个起点,输入距离50,然后继续垂直向上输入距离10,然后水平向右输入距离5,然后继续垂直向上输入距离30,然后用键盘输入圆弧(A)转换到圆弧方式,选角度(A),输入角度180,选半径方式(R),输入半径30,输入弦,输入角度180,回车,选择直线(L)转换到直线方式,竖直向下输入长度30,然后水平向右输入距离5,然后竖直向下输入距离10。

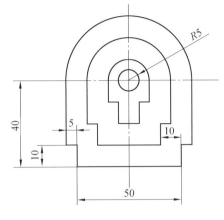

图 3.5 绘制样图

(2) 输入"C"闭合。

(3) 选择工具栏偏移命令,输入距离10,回车,选择多段线为偏移对象,向里偏移。

(4) 重复步骤(3)操作,选择偏移出来的多段线为对象再向里偏移一次得到里边的多段线。

(5) 打开捕捉,捕捉圆心,以半径的方式绘制圆,输入半径为5,回车。

(6) 用直线命令绘制中心线,绘图完毕。

方法二

(1) 可以用多段线命令分别绘制出三层多段线的轮廓。

(2) 绘制出小圆。

(3) 用直线命令绘制中心线。

(4) 绘制完毕。

2.绘图技巧分析

在方法一中,通过偏移命令的绘图方法效率比较高,作图方便快捷;在方法二中,用基本操作完成了图形的绘制,用起来比较繁琐。在本实例中进一步说明了应用编辑命令可以简化作图步骤,提高了绘图效率。

3.应注意的问题

使用偏移命令时,一定要注意偏移的轮廓线是一条线,否则在偏移时不能偏移出正确的轮廓,会在两条线的连接处出现开口或者交叉延长线,特别是在封闭的轮廓线进行偏移时,更应该是一条多段线或说是一条封闭的线,否则偏移出来的轮廓不正确,存在开口或交叉线。PLINE命令应用十分灵活,读者可以通过练习深入体会。

练习图

1.

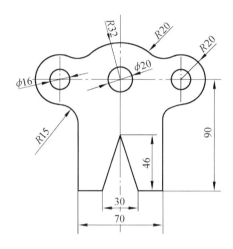

2.

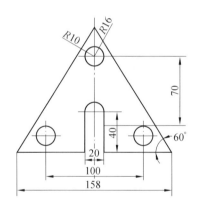

3.5 绘制圆弧

绘图命令

在命令行输入 ARC＜快捷输入 AR＞或单击绘图工具栏中的圆弧图标 ，或下拉菜单中的"绘图/圆弧"启动圆弧命令。

其选项如下。

指定圆弧起点。

指定圆弧的第二个点。

指定圆弧的端点(E)。

指定圆弧的圆心(C)。

指定弦长(L)。

指定包含角(A)。
指定圆弧的起点切向(D)。
指定圆弧的半径(R)。
根据已知条件,选取三个选项就可以画出一个圆弧。
编辑命令:镜像、偏移、修剪
实例 绘制手柄(图3.6)。

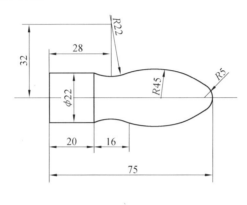

图3.6 手柄

1.方法

方法一

(1)在工具栏点击直线按钮,启动直线命令画中心线。

(2)按鼠标右键重复直线命令,以中心线为基准,画竖直向上的直线长度为11。

(3)在工具栏点击偏移命令按钮,启动偏移命令输入偏移距离为20,向右偏移出一条直线。

(4)连接直线两端点做出圆柱的上半部分。

(5)重复偏移命令,输入偏移距离为28,重复偏移命令,输入偏移距离为70,偏移出R5圆的中心线;重复操作偏移水平中心线向上的距离为32,与偏移距离为28的直线交与一点。

(6)在命令行输入 ARC<快捷输入 AR>或单击绘图工具栏中的圆弧图标,或下拉菜单中的"绘图/圆弧"启动圆弧命令。选择起点、圆心、长度方式,水平中心线向上的距离为32,与偏移距离为28的直线交点为圆心,以图3.6中圆柱的右上角点为起点,输入长度为16,得到 R22 圆弧。

(7)启动圆命令,在以偏移距离为70与中心线的交点为圆心作 R5 的小圆。

(8)启动圆弧命令,选择起点、端点、半径的方式,以与小圆的切点为起点,与 R22 圆弧的端点为端点,输入半径45得到 R45 的圆弧。

(9)重复步骤(1),(2),(3),(4),(6),(8)做出水平中心线的下半部分轮廓。

(10)修剪,删除不需要的线,作图完毕。

方法二

(1) 重复方法一的步骤(1),(2),(3),(4),(5),(6),(7),(8)做出中心线的上半部分轮廓。

(2) 选择镜像命令,以水平中心线为对称轴,镜像出下半部分轮廓。

方法三

(1) 上半部分轮廓可以用多段线命令绘出。

(2) 用镜像,镜像出下半部分轮廓。

2. 绘图技巧分析

在方法一中,通过基本绘图命令的方法效率比较低,作图比较繁琐;在方法二中,用镜像功能操作完成了图形的绘制,简化了步骤;在方法三中,用多段线命令绘制轮廓简化掉了方法一中步骤(2),(3),(4),(5),(6),(7),(8),(9),除去了繁杂的辅助线,从而简化了作图过程。在本实例中进一步说明了应用编辑命令可以简化作图步骤,提高工作效率。

3. 应注意的问题

弧命令时,一定要注意必须具备三个要素才能确定出一个圆弧段,请读者加以体会,此处不一一详述,另外练习图亦可使用 PLINE 命令绘制。

练习图

1.

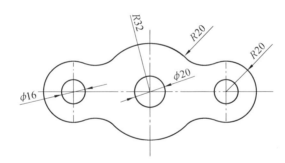

2.

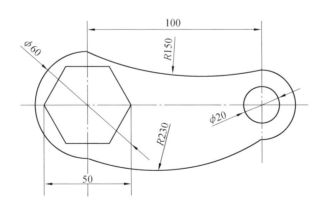

3.6 绘制椭圆和椭圆弧

绘图命令

1. 椭圆

在命令行输入 ELLIPSE＜快捷输入 EL＞或单击绘图工具栏中的椭圆图标，或下拉菜单"绘图/椭圆"启动椭圆命令。

其选项如下。

指定椭圆的轴端点。

指定轴的另一个端点。

指定另一条半轴长度。

指定绕长轴旋转的角度。

指定椭圆的中心点。

2. 椭圆弧

在命令行输入 ELLIPSE＜快捷输入 EL＞或单击绘图工具栏中的椭圆图标，或下拉菜单中的"绘图/椭圆"启动椭圆命令。

圆弧(A)：切换到按 ANGLE 模式绘制椭圆弧。

指定起始角度：椭圆弧的起始角(ANGLE 模式)。

指定终止角度：椭圆弧的终止角(ANGLE 模式)。

指定弧的包含角度。

参数(P)：切换到按 PARAMETER 模式绘制椭圆弧。

ANGLE：切换到按 ANGLE 模式绘制椭圆弧。

指定起始参数：椭圆弧的起始角(PARAMETER 模式)。

指定终止参数：椭圆弧的终止角(PARAMETER 模式)。

编辑命令：矩形阵列、倒角、圆角

1. 矩形阵列

在命令行输入 ARRAY＜快捷输入 A＞或单击修改工具栏中阵列图标可以起动阵列命令，或单击下拉菜单中的"修改/阵列"的操作方法。

选择矩形阵列按钮：可以以矩形阵列的方式复制对象，此时的"阵列"对话框如图3.7所示。

其各选项的含义如下。

行文本框：设置矩行阵列的行数。

列文本框：设置矩行阵列的列数。

偏移距离和方向选项区域：在行偏移、列偏移阵列角度文本框中可以输入矩形阵列的行距、列距和阵列角度，也可以单击文本框右边的按钮，在绘图窗口中通过指定的点来确定距离和方向。

选择对象按钮：单击该按钮将切换到绘图窗口，选择阵列的对象。

预览窗口：显示当前阵列模式、行距、列距以及阵列角度。

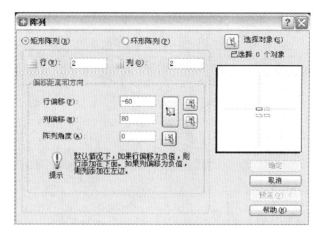

图 3.7 矩形阵列

预览按钮:单击该按钮将切换到绘图窗口,可以预览阵列复制的效果。

2. 倒角

选取下拉菜单中的"修改/倒角",或单击修改工具栏中的倒角图标,或在命令提示行下输入倒角命令,都可以激活该命令。

此命令用于对两直线段进行倒角,倒角命令也可用于 3D 实体倒角。

倒角类型有等边倒角和不等边倒角,用于定义倒角的参数有距离和角度。

在使用倒角命令时,应先设置倒角模式以及倒角值,然后再倒角。

主要选项如下。

("修剪"模式)当前倒角距离 1 = 10.000,距离 2 = 10.000 提示信息。

选择第一条直线或[多段线(P)/距离(D)/角度(A)/修剪(T)/方法(M)]。

各选项的意义如下。

选择第一条直线:缺省项,选择要倒角的第一边后,又提示选择第二条直线。

选择第二条直线:选择要倒角的第二边后,系统即进行倒角操作。

多段线(P):输入 P 后,切换到对整个 2D 多段线进行倒角模式又提示选择二维多段线。

选择二维多段线:选择 2D 多段线后,将把该条多段线上的所有满足条件的角都进行倒角。

距离(D):输入 D 后,切换到距离模式,又给出提示如下。

指定第一个倒角距离 < 10.000 > :

指定第二个倒角距离 < 10.000 > :

输入的两个倒角距离可以相同,也可以不同。若设置两个倒角距离都为 0,则可以延伸或修剪两相交直线,使之相交于一点,成为尖角。

角度(A):输入 A 后,切换到角度模式,又给出提示如下。

指定第一条直线倒角长度 < 0 > :20.000

指定第二条直线倒角长度 < 0 > :

系统根据输入的参数可以计算出第二条直线倒角距离。

修剪(T):输入 T 后,切换到设置倒角的修剪方式,又给出提示如下。

输入修剪模式选项(修剪(T)/不修剪(N))<修剪>:若输入 T,则剪掉多余的伸出边;若输入 N,则不修剪,即保留伸出的边。

方法(M):输入 M 后,切换倒角模式,又给出提示如下。

输入修剪方法(距离(D)/角度(A))<角度>:若输入 D,则切换到用两个距离定义倒角的模式;若输入 A,则切换到用一个距离和一个角度定义倒角模式。

3. 圆角

在使用圆角命令时,应先设置倒圆角模式以及圆角图标,或在命令提示行下输入圆角命令,都可以激活该命令。

命令用于对由直线、圆弧、椭圆弧、圆和椭圆组成的两个图形作圆角。

主要选项如下。

当前模式:模式=修剪,半径=10.00 提示信息。

选择第一个对象或[半径(R)/多段线(P)/修剪(T)]。

各选项意义如下。

选择第一个对象:缺省项。选择要倒圆角的第一个边后,又提示选择第二个对象。

选择第二个对象:选择要倒圆角的第二个边后,系统即进行倒圆角操作。

半径(R):输入 R 后,将切换到指定圆角半径模式,又提示如下。

指定圆角半径<10.000>:

若设置倒圆角值为 0,则可以延伸或修剪两相交直线,使之相交于一点,成为尖角。

多段线(P):输入 P 后,将切换到对整个 2D 多段线进行倒圆角模式,又提示选择二维多段线。

选择二维多段线:选择 2D 多段线后,将把该条多段线上的所有满足条件的角都倒圆角。

修剪(T):输入 T 后将切换到设置修剪(T)模式,又提示如下。

输入修剪模式选项(修剪(T)/不修剪(N))<修剪>:若输入 T,则剪掉多余的伸出边;若输入 N,则不修剪,即保留伸出的边。

实例 绘制冲压件(图 3.8)。

1. 方法

方法一

(1)在工具栏点直线按钮,启动直线命令画中心线。

(2)在工具栏点偏移命令按钮,启动偏移命令,输入偏移距离 40,以竖直中心线为偏移对象,向左右各偏移出一条直线;同理,再以偏移距离 60 向左右各偏移一条直线。

(3)在工具栏点偏移命令按钮,启动偏移命令,输入偏移距离 30,以水平中心线为偏移对象,向上下各偏移出一条直线;同理,再

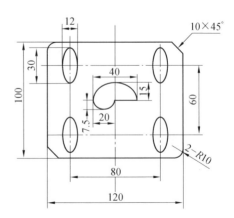

图 3.8 冲压件

以偏移距离 50 向上下各偏移一条直线。

(4)点修剪命令按钮修剪出 120×100 的矩形。

(5)点击倒角图标,在提示下设置距离(D),回车,在提示下输入第一条边距离为 10,回车,输入第二条边距离为 10,回车,然后选择要倒角的两条相邻的边,得到倒角。

(6)点击圆角图标,在提示下设置半径(R),回车,在提示下输入半径为 10,回车,然后选择要倒角的两条相邻的边,得到圆角。

(7)点椭圆命令按钮,选择中心(C)方式,点击中心距为 60 和 80 线的四个交点中任意的一个,在提示下输入短半轴长为 6,在提示下输入长半轴长为 15,回车做出椭圆。同理,做出其余三个椭圆。

(8)在工具栏点偏移命令按钮,启动偏移命令输入偏移距离为 20,以竖直中心线为偏移对象,向左右各偏移出一条直线。

(9)点椭圆弧命令按钮,默认为端点,拾取偏移距离为 20 的直线与水平中心线的交点右侧的为起始点,左侧的为端点,在提示下输入起始角度为 0,终止角度为 180,得到大椭圆弧。同理,以左侧交点为起始点,以中心线的交点为端点,在提示下输入起始角度为 0,终止角度为 180,得到小圆弧。

(10)修剪和删除不需要的线段,作图完毕。

方法二

(1)在工具栏点矩形按钮,启动矩形命令画 120×100 的矩形。

(2)在工具栏点直线按钮,启动直线命令画出矩形的中心线。

(3)点击倒角图标,在提示下设置距离(D),回车,在提示下输入第一条边距离为 10,回车,输入第二条边距离为 10,回车,然后选择要倒角的两条相邻的边,得到倒角。

(4)点击圆角图标,在提示下设置半径(R),回车,在提示下输入半径为 10,回车,然后选择要倒角的两条相邻的边,得到圆角。

(5)在工具栏点偏移命令按钮,启动偏移命令输入偏移距离为 40,以竖直中心线为偏移对象,向左右各偏移出一条直线。

(6)在工具栏点偏移命令按钮,启动偏移命令输入偏移距离为 30,以水平中心线为偏移对象,向上下各偏移出一条直线。

(7)点椭圆命令按钮,选择中心(C)方式,点击中心距为 60 和 80 线的四个交点中任意的一个,在提示下输入短半轴长为 6,在提示下输入长半轴长为 15 后回车做出椭圆。

(8)选择矩形阵列,输入行数为 2,列数为 2,行距为 -60,列距为 80,选择对象为椭圆,右键确定回到阵列命令对话框,点击确定按钮,阵列完毕,得到其余三个椭圆。

(9)在工具栏点偏移命令按钮,启动偏移命令输入偏移距离为 20,以竖直中心线为偏移对象,向左右各偏移出一条直线。

(10)点椭圆弧命令按钮/默认为端点,拾取偏移距离为 20 的直线与水平中心线的交点右侧的为起始点,左侧的为端点,在提示下输入起始角度为 0,终止角度为 180,得到大椭圆弧。同理,以左侧交点为起始点,以中心线的交点为端点,在提示下输入起始角度为 0,终止角度为 180,得到小圆弧。

(11)修剪和删除不需要的线段,作图完毕。

2.绘图技巧分析

在方法一中,通过基本绘图命令的绘图方法效率比较低;在方法二中,用矩形阵列功能操作完成了图形的绘制,简化了步骤。在本实例中重复使用偏移功能,方便寻找中心线和点。在本实例中再次说明了应用编辑命令可以简化作图步骤,提高工作效率。

3.应注意的问题

(1)类似于弧命令,使用椭圆和椭圆弧命令时一定要注意必须具备三个要素才能确定出一个椭圆和椭圆弧段,否则不能正确绘制出椭圆和椭圆弧轮廓。

(2)在用倒角和圆角命令时,注意倒角距离和圆角半径的选择。

练习图

1.

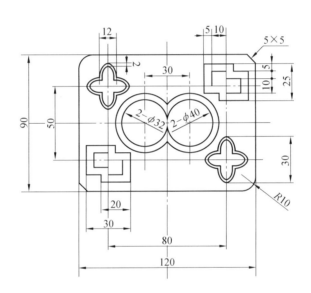

2.

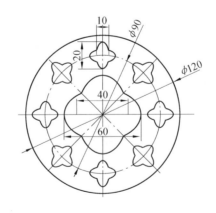

3.7 绘 制 点

绘图命令

1.绘制单点或多点

在命令行输入 POINT <快捷输入 PO> 或单击绘图工具栏中的点图标 ,或下拉菜单中的"绘图/点"启动点命令。

实例一 在绘图窗口中任意位置创建 3 个点,如图 3.9 所示。

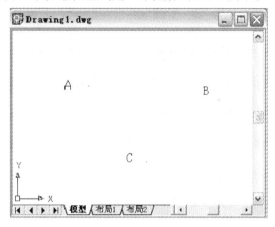

图 3.9　创建 3 个点

(1)绘图/点/多点/命令,发出 POINT 命令,命令行提示中将显示当前点模式:PDMODE = 0　　PDMODE = 0.0000

(2)在命令行的"指定点":提示下,使用鼠标指针在屏幕上拾取点 A,B 和 C。

(3)按 Esc 键结束绘制点命令。

2.设置点的样式

在绘制点时,命令提示行显示的 PDMODE = 0　　PDMODE = 0.0000 两个系统变量用于显示当前状态下点的样式。要设置点的样式,可选择"格式/点样式"命令,打开"点样式"对话框,如图 3.10 所示。从中选择所需的点样式,单击确定按钮。

3.定数等分对象

选择"绘图/点/定数等分"命令,可以在指定的对象上绘制等分点或者在等分点处插入块。

在使用该命令时应注意以下几点。

(1) 因为输入的是等分数,而不是放置点的个数,所以如果将所选对象分成 N 份,则实际上只生成(N - 1)个点。

(2) 每次只能对一个对象操作,而不能对一组对象操作。

实例二　在图 3.11 中,将圆等分为 5 部分。

(1)选择"绘图/点/定数等分"命令,执行 DIVIDE 命令。

(2)在命令行的"选择要定数等分的对象:"提示下,拾取圆作为要等分的对象。

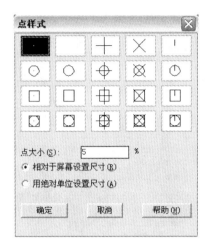

图3.10 "点样式"对话框

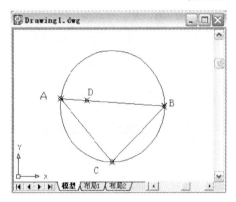 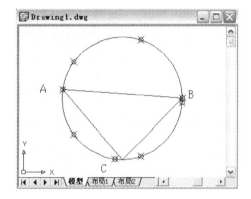

图3.11 圆等分

(3)在命令行的"输入线段数目或(块B)"提示下,输入等分段数,然后按Enter键,等分结果如图3.11所示。

4.等距等分对象

选择"绘图/点/等距等分"命令可以在指定的对象上按指定的长度绘制点或者插入块。

使用该命令时应注意以下几点。

(1)放置点的起始位置从离对象选取点较近的端点开始。

(2)如果对象总长不能被所选长度整除,则最后放置点到对象端点的距离将不等于所选长度。

实例三 在图3.12中,将使用直线工具绘制的三角形的边AB按长度AD等距等分。

(1)选择"绘图/点/等距等分"命令发出MEASURE命令。

(2)在命令行的"选择要定等距等分的对象:"提示下拾取三角形的边AB作为要定等距等分的对象。

(3)在命令行的"指定线段长度或(块B):"提示下,拾取点A作为指定线段的起点。

(4)在命令行的"指定第二点:"提示下,拾取点D作为指定线段的第二点,等距等分

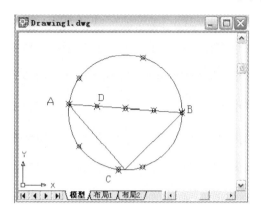

图 3.12　等距等分对象

结果如图 3.12 所示。

5．编辑技巧分析

在绘制点的过程当中,事先设定好点的类型,这样有利于观察。

3.8　其他编辑命令

编辑命令

1．移动对象

在命令行输入 MOVE <快捷输入 MO> 或单击修改工具栏中的移动图标 ✥,或下拉菜单"修改/移动"启动移动命令。

移动对象是指对对象的重定位。可以在指定的方向上按指定距离移动对象,对象的位置发生了改变,但大小和方向没有改变。

要移动对象,首先选择要移动的对象,然后指定位移上的基点和位移矢量。

在命令行的"指定基点或[位移]<位移>:"提示下,如果单击或以键盘的形式给出了基点的坐标,命令行将显示"指定第二点或<用第一点作位移>:"提示,如果按回车键,那么所给出的基点坐标值就被作为偏移量,即将该点作为原点(0,0),然后将图形相对于该点移动由基点和该点所确定的偏移量。

2．旋转对象

在命令行输入 ROTATE <快捷输入 RO> 或单击修改工具栏中的旋转图标 ○,或下拉菜单"修改/旋转"启动旋转命令。

执行该命令后,从命令行显示的"UCS 当前的正角方向:ANGDIR = 逆时针 ANGBASE = 0"提示信息中,可以了解到当前的正角度方向(如逆时针方向),零角度方向与 X 周正角度方向的夹角(如 0°)。

选择要选择的对象(可以选多个),并指定旋转基点,命令行将显示"指定旋转角度或[复制(C)参照(R)<O>]:"提示信息。如果直接输入角度,则将绕基点转动该角度,角度为正时,逆时针旋转;角度为负时,顺时针旋转。如果选"参照(R)",将以参照方式旋转对象,需要依次指定参照的方向的角度值和相对于参照方向的角度值。

实例 将图形 3.13(a)旋转 45°,结果如图 3.13(b)所示。

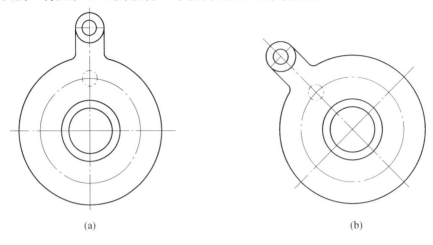

图 3.13 旋转图形

1.方法

(1)选择"修改/旋转"命令,发出旋转命令。

(2)在命令行的"选择对象:"的提示下,使用窗口方式选择图形中要旋转的元素。

(3)在命令行的"指定基点:"提示下,指定旋转的基点位置为交点。

(4)在命令行的"指定旋转角度或[复制(C)参照(R)<O>]:"提示下,指定旋转角度为 45°,然后回车,编辑完毕。

2.应注意的问题

(1)在旋转的过程中一定要注意旋转中心和旋转角度的方向的正确性。

(2)在选择要旋转的元素时,要注意对象的选取以防多选或漏选,特别是线条比较多时,漏选和多选不容易找出来。

第4章 规范完成 AutoCAD 机械绘图

本章主要讲授如何应用 AutoCAD 2006 与机械制图的有关知识结合,规范地完成 AutoCAD 机械制图工作,主要讲授文本、标注、图块、三视图的绘制等知识点,让读者能应用 CAD 反映机械设计的内容。

4.1 文字类命令

4.1.1 单行文本

文字命令

(1)文字样式:在命令行输入 STYLE 或单击文字工具栏中图标 可以起动创建文字样式命令,用来控制文字基本形状的一组特征设置,用户可以利用当前的样式,也可以修改已有的样式或定义自己需要的样式。

(2)创建单行文字:在命令行输入 TEXT 或 DTEXT 或单击文字工具栏中图标 可以起动创建单行文字命令,用于创建文字内容比较简短的文字对象,每一行字都是一个文字对象。

子命令如下。
①对正(J):用于控制文字的对齐方式。
②样式(S):用于确定所标注文字的样式。

(3)编辑文字:在命令行输入 DDEDIT 或单击文字工具栏中图标 可以起动编辑单行文字命令,用于编辑文字特性和文字内容。

实例一 用单行文字命令注写以下的文本,要求设置新文字样式"长仿宋体",选用字体文件名为仿宋_GB2312,宽度比例为 0.7。"技术要求"字高为 7,其余字高为 5。

技术要求
铸件毛坯不得有砂眼、裂纹等缺陷。

1.方法

(1)键盘输入"STYLE",弹出"文字样式"对话框,如图 4.1 所示。

(2)单击新建按钮,在对话框的"样式名"文本框中输入"长仿宋字",然后单击确定,如图 4.2 所示。

图 4.1 "文字样式"对话框

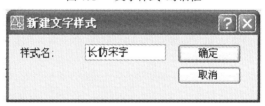

图 4.2 新建文字样式

(3)取消"使用大字体"复选框上的对号,选择"字体名"下拉列表框中的"仿宋_GB2312"字体文件,在"宽度比例"文本框内输入宽度比例值 0.7,单击应用按钮。回到"文字样式"设置,如图 4.3 所示。

图 4.3 "文字样式"设置——选择字体

(4)单击 A 图标按钮,启动单行文字命令,系统提示如图 4.4 所示。

第4章 规范完成 AutoCAD 机械绘图

命令：_DTEXT
当前文字样式:长仿宋字　当前文字高度：0.0000
指定文字的起点或［对正(J)/样式(S)］:s
输入样式名或［?］＜长仿宋字＞：
指定文字的起点或［对正(J)/样式(S)］：
指定高度 ＜0.0000＞：7
指定文字的旋转角度＜0＞：

图 4.4　DTEXT 命令行内容

在"在位文字编辑器"中输入文字"技术要求",按两次回车键结束输入。

(5)按回车键,再次启动单行文字命令,系统提示当前文字样式和文字高度,移动鼠标至适当位置,用光标拾取一点,指定文字的左对齐点,指定文字高度为5,默认文本行的旋转角度为0,并显示"在位文字编辑器"输入第二行文本,并按两次回车键,结束单行文字命令。

2．绘图技巧分析

完成命令后,若再执行该命令,且在"指定文字的起点"提示下按回车键,则将跳过输入高度和旋转角度的提示,直接在上一命令的最后一行,文字的左下点下方出现"在位文字编辑器",且文字的对齐方式和文字属性不变。

3．应注意的问题

Standard(标准样式)不允许重命名和删除,图形文件中已使用的文字样式不能被删除。

4.1.2　多行文本

文字命令

创建多行文字:在命令行输入 MTEXT 或单击文字工具栏中图标 **A** 可以起动创建多行文字命令,用于创建任意行数的段落文本,而且所有文字都是作为一个整体进行处理的。

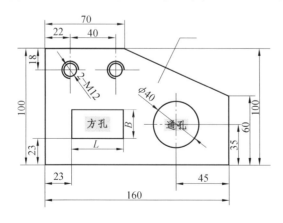

图 4.5　文字练习

实例二 为图形文件注写说明(遮罩文字),注写如图 4.5 所示的技术要求。不要求标注尺寸。设置"工程字"文字样式,选用字体文件名为"gbeitc.shx",对应的大字体文件为"gbcbig.shx";文字"方孔"遮罩颜色为青色,圆柱"通孔"遮罩颜色使用图形背景颜色。方孔尺寸为字段。"技术要求"字高 7,其余字高 5。

1.方法

(1)绘制如图 4.5 所示图形,以备标注。

(2)创建文字样式,样式名为"工程字",选用字体文件名为"gbeitc.shx",对应的大字体文件为"gbcbig.shx",如图 4.6 所示。

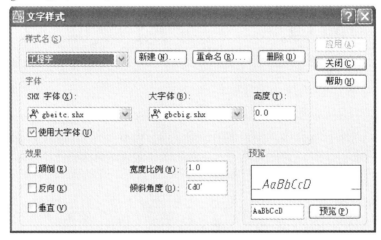

图 4.6 文字样式设置——样式名

(3)用单行文字命令注写文字。单击 **A** 图标按钮,启动单行文字命令,系统提示如图 4.7 所示。

```
命令:_DTEXT
当前文字样式:Standard   当前文字高度:2.500
指定文字的起点或 [对正(J)/样式(S)]:s
输入样式名或 [?] < Standard > :工程字
当前文字样式:Standard 当前文字高度:2.500
指定文字的起点或 [对正(J)/样式(S)]:j
输入选项
[对齐(A)/调整(F)/中心(C)/中间(M)/右(R)/左上(TL)/中上(TC)/右上(TR)/左中(ML)/
正中(MC)/右中(MR)/左下(BL)/中下(BC)/右下(BR)]:c
指定文字的中间点:
指定高度 < 2.5000 > :5
指定文字的旋转角度 < 0 > :
```

图 4.7 命令行内容

在"文字编辑器"中输入文字,按两次回车。

(4)用多行文字命令注写遮罩文字"方孔"和"通孔"。单击 **A** 图标按钮,启动多行文字命令,当前文字样式为"工程字"当前文字高度为 5,指定文本框文字左上对齐点,指定文本框另一角点,显示"在位文字编辑器"输入文字内容"方孔"。在文本框内单击鼠标右键,弹出快捷菜单,选择"背景遮罩"选项,打开"背景遮罩"对话框,选择使用背景遮罩,选择青色单击确定按钮,结束多行文字命令,对话框如图4.8所示。

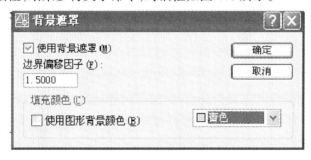

图 4.8　背景遮罩

(5)用同样的方法编辑"通孔"。
(6)用多行文字命令注写技术要求,系统提示如图4.9所示。

命令:_MTEXT
当前文字样式:"工程字"　当前文字高度:5
指定第一角点
指定对角点或[高度(H)/对正(J)/行距(L)/旋转(R)/样式(S)/宽度(W)]:
输入文字:技术要求
输入文字:1、锐边倒钝
输入文字:2、该板上的方孔根据外购件尺寸适时调整修改,方孔尺寸 B×L=25×45

图 4.9　MTEXT 命令行内容

(7)双击输入的"技术要求"编辑多行文字,将"技术要求"字高设置为7,单击确定按钮。

2.绘图技巧分析

如果标注的"多行文本"和"单行文本"文字不符合绘图要求,往往需要在原有基础上进行修改,编辑时可以使用对象特性　对已编辑文本进行编辑,用以快速编辑文本内容,包括增加和替换字符等。

3.应注意的问题

当选择了"TTP(TrueType)"字体时,"使用大字体"复选框无效,当选择了"SHX"型字体时,该复选框有效。在编辑器中一些特殊的符号输入参照表4.1所示。

表 4.1

输入的控制码	实际输入的符号或功能
%%O	打开或关闭文字上画线
%%U	打开或关闭文字下画线
%%D	标注度(°)符号
%%P	标注正负公差(±)符号
%%C	标注直径(ϕ)符号

练习图

绘制如下图形标注文字并绘制引线,结果如图所示。

要求:字体为楷体,字高为 5。

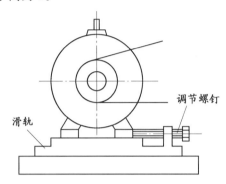

利用滑轨和调节螺钉改变中心距获得张紧,用于水平或接近水平的传动。

4.2 尺寸的标注

4.2.1 线型标注

标注命令

标注样式▲(COMMANDLINE):标注样式决定尺寸标注的形式,包括尺寸线、尺寸界线、箭头和中心标记的形式,以及尺寸文本的位置、特性等。"标注样式管理器"对话框方便地设置自己需要的尺寸标注样式。

线性标注⊢(DIMLINEAR):线性标注用于对水平尺寸、垂直尺寸及旋转尺寸等长度类的尺寸进行标注。

基线标注⊢(DIMBASELINE):基线标注用于在图形中以第一尺寸线为基准标注图形尺寸。

连续标注⊢(DIMCONTINUE):连续标注用于标注在同一方向上连续的线性尺寸或角度尺寸。

对齐标注⌐(DIMALIGNED):对齐标注用于创建平行于所选对象或平行于两尺寸界线原点连线的直线尺寸。

实例一 标注下列尺寸,结果如图 4.10 所示。要求:标注样式"尺寸-35";尺寸文字样式为"工程字-35"(尺寸文字高度为 3.5);尺寸箭头长度为 3.5。

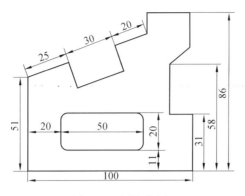

图 4.10　标注实例一

1. 方法

方法一

(1)绘制需要标注的图形文件。

(2)设置标注样式。单击标注样式 按钮,系统弹出"标注样式管理器"对话框,单击新建按钮,在弹出的"创建新标注样式"对话框中的"新样式名"文本框中输入"尺寸-35",其余采用默认设置,如图 4.11 所示。

图 4.11　"创建新标注样式"对话框

(3)单击继续按钮,弹出"新建标注样式"对话框。在该对话框中切换到"直线"选项卡,进行尺寸线和尺寸界线的相关设置,如图 4.12 所示。

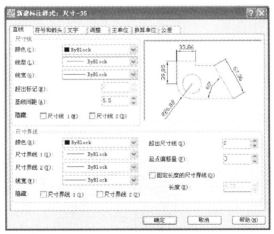

图 4.12　新建标注样式、窗口

(4)单击图4.12中的"符号和箭头"标签,切换到"符号和箭头"选项卡,在该选项卡中设置尺寸符号和箭头的相关特性,如图4.13所示。

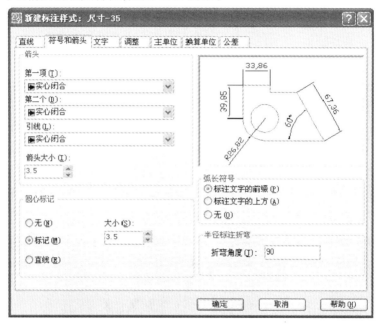

图4.13 新建标注样式——符号和箭头设置

(5)切换到"文字"选项卡,在该选项卡中设置尺寸文字的相关特性,如图4.14所示。

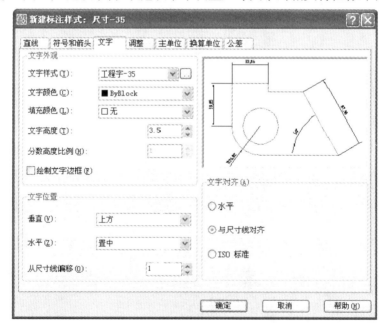

图4.14 新建标注样式——文字设置

(6)切换到"主单位"选项卡,在该选项卡中进行相关设置,如图4.15所示。

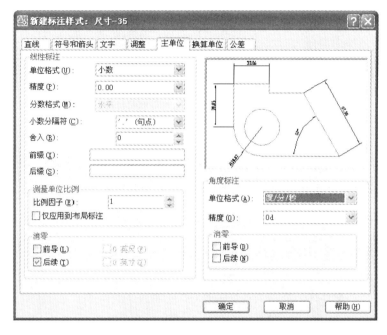

图 4.15　新建标注样式——主单位设置

(7)"调整"、"换算单位"和"公差"选项卡中的各项采用默认设置,单击对话框中的确定按钮,返回到"标注样式管理器"对话框,如图 4.16 所示。

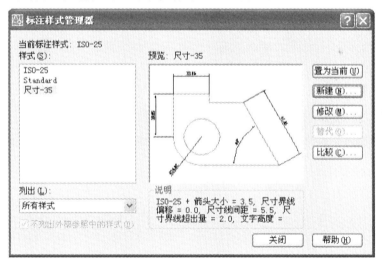

图 4.16　标注样式管理器

(8)将尺寸标注图层设置为当前图层。

(9)用鼠标单击线性标注按钮,启动线性标注命令,捕捉点 A 及点 B,标注尺寸 20,如图 4.17 所示。

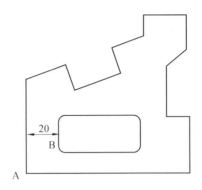

图 4.17　标注尺寸 20

(10)用鼠标单击连续标注按钮,启动连续标注命令,捕捉点 B 及点 C 标注尺寸 50,如图 4.18 所示。

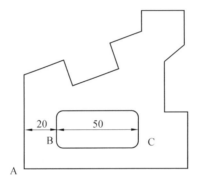

图 4.18　标注尺寸"50"

(11)用鼠标单击线性标注按钮,标注尺寸 11,20,51 和 25。
(12)用鼠标单击连续标注按钮,标注尺寸 30 和 20。
(13)用鼠标单击线性标注按钮,标注尺寸 31。
(14)用鼠标单击基线标注按钮,标注尺寸 58 和 86,结果如图 4.19 所示。

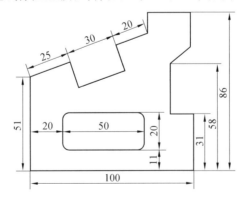

图 4.19

方法二

本实例中的所有尺寸均可用线性标注来实现。

2.应注意的问题

基线标注中的基准可以理解为各基线尺寸的公共第一尺寸界线。在基线标注和连续标注之前,至少应进行一次线性标注或角度标注。

练习图

用标注样式"尺寸-35"标注下图尺寸,标注结果如图所示。

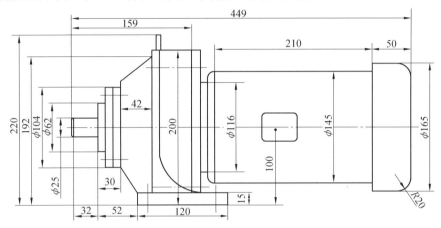

4.2.2 非线型标注

标注命令

半径◎(DIMRADIUS):半径标注用于标注圆或弧的半径尺寸。

直径◎(DIMDIAMETER):直径标注用于标注圆或圆弧的直径尺寸。

角度△(KIMANGULAR):角度标注用于测量和标注被测量对象之间的夹角。

折弯标注(DIMJOGGED):折弯标注用于测量选定对象的半径,并显示前面带有一个半径符号的标注文字。可以在任意合适的位置指定尺寸线的原点。

快速标注(QDIM):快速标注用于快速创建标注,该命令可以创建基线标注、连续标注、半径标注和直径标注等。

实例二 绘制图形并用标注样式"尺寸-35"对其进行尺寸标注,标注结果如图4.20所示。

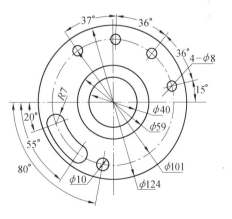

图 4.20 标注实例二

1. 方法

(1) 绘制图形。

(2) 设置标注样式。为了得到图 4.20 所示直径标注的效果,应该在已有标注样式的基础上创建直径标注子样式。单击标注样式 按钮,系统弹出"标注样式管理器"对话框,选中"尺寸-35",单击对话框中的新建按钮,打开"创建新标注样式"对话框,设置如图 4.21 所示。

图 4.21 "创建新标注样式"对话框

(3) 单击继续按钮,打开"新建标注样式"对话框,在该对话框中的"文字"选项卡中,选中"文字对齐"选项组中的"ISO 标准"单选按钮,其余设置保持不变,如图 4.22 所示。

图 4.22 设置文字对齐方式

(4) 切换到"调整"选项卡中,选文字单选按钮,设置如图 4.23 所示。

图 4.23 设置"调整"选项卡

(5)单击对话框中的确定按钮,系统返回到"标注样式管理器"对话框,如图 4.24 所示。

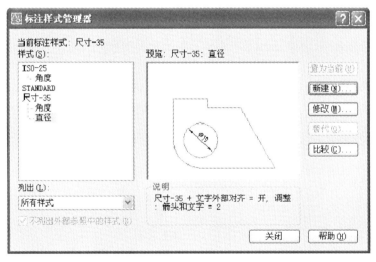

图 4.24 新建后的样式"尺寸 - 35"

(6)单击关闭按钮,完成直径标注子样式的设置。

(7)用鼠标单击直径标注 按钮,分别标注尺寸 $\phi40,\phi59,\phi101,\phi124,\phi10$ 和 $4-\phi8$,标注是只要选择需要标的圆的轮廓线即可,标注后如图 4.25 所示。

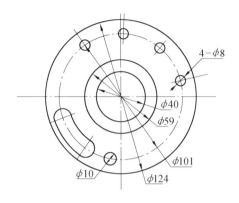

图 4.25 步骤(7)结果

(8)用鼠标单击半径标注 ⊙ 按钮,标注尺寸 R7。
(9)用鼠标单击角度标注 △ 按钮,标注角度尺寸 20°。
(10)用鼠标单击基线标注 按钮,标注角度尺寸 55°,80°。
(11)用鼠标单击角度标注 △ 按钮,标注角度尺寸 15°。
(12)用鼠标单击连续标注 按钮,标注角度尺寸 36°,36°,37°。
(13)尺寸标注结束,如图 4.26 所示。

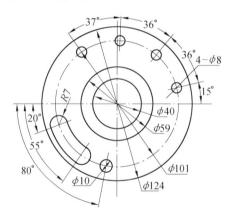

图 4.26

2.绘图技巧分析

在本实例中,为了满足标注要求也可不必设置直径标注的子样式,而使用"翻转标箭头"命令,可在命令行输入"AIDIMFLIPARROW",也可先选择尺寸标注,然后单击鼠标右键弹出快捷菜单,选择"翻转箭头",启动该命令。每启动一次翻转一个靠近鼠标选择的箭头。

实例三 绘制如下图形,并用标注样式"尺寸-35"对其标注尺寸,标注结果如图4.27所示。

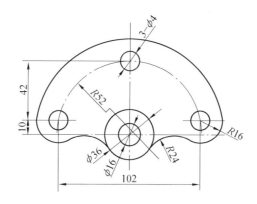

图 4.27 标注实例三

(1)绘制图形。
(2)单击线性标注按钮,分别标注尺寸 10,42 和 102。
(3)单击直径标注按钮,分别标注尺寸 $\phi 16, \phi 36$ 和 $3-\phi 4$。
(4)单击半径标注按钮,分别标注尺寸 $R16$ 和 $R24$。
(5)单击折弯标注按钮,标注尺寸 $R52$。
(6)尺寸标注结束,结果如图 4.27 所示。

练习图

绘制图形并对其进行尺寸标注,标注结果如图所示。

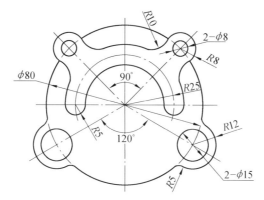

4.2.3 其他标注

标注命令

弧长 (DIMARC):弧长标注用于测量圆弧长度或多段线弧线上的距离。

坐标 (DIMORDINATE):坐标标注测量原点(称为基准)到标注特征(如部件上的一个孔)的垂直距离。这种标注保持特征点与基准点的精确偏移量,从而避免增大误差。

圆心标记 (DIMCERTER):圆心标记是用来标明圆或圆弧的圆心位置。

引线 (QLEADER):引线标注用于创建一个或多个引线及多种格式的注释文字。

实例四 绘制如下图形,并标注下列尺寸,结果如图 4.28 所示

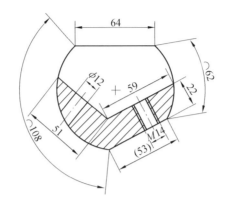

图 4.28 标注实例四

(1)绘制图形。

(2)单击圆心标注⊕按钮,启动圆心标注命令,捕捉圆心,标注出圆心位置。

(3)单击对齐标注↘按钮,启动对齐标注命令,分别标注尺寸 51,59,(53)和 22。

(4)单击线性标注┤按钮,启动线性标注命令,标注尺寸 64。

(5)单击弧长标注⌒按钮,启动弧长标注命令,捕捉需要标注的弧,分别标注弧长尺寸⌒108 及⌒62。

实例五 绘制如下图形,标注样式"尺寸 – 35"对其标注相应的尺寸,标注结果如图 4.29 所示。

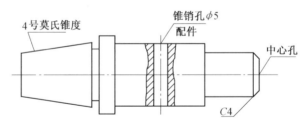

图 4.29 绘图实例五

1.方法

(1)绘制图形。

(2)标注尺寸"4 号莫氏锥度"。单击快速引线标注按钮,启动引线标注命令,系统提示:"指定每一个引线点或[设置(S)] <设置 >"输入"S"进行设置,系统弹出"引线设置"对话框,如图 4.30 所示。

图 4.30　引线设置——注释

选择"引线和箭头"选项卡,设置如图 4.31 所示。

图 4.31　引线设置——引线和箭头

选择"附着"选项卡,设置如图 4.32 所示。

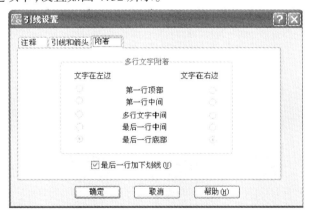

图 4.32　引线设置——附着

单击确定按钮,系统继续提示如图 4.33 所示。

指定第一个引线点或[设置(S)]<设置>:(在要标注内容的斜轮廓线上捕捉一点,作为引线的起始点)
指定下一点:(确定引线的另一端点)
指定文字宽度:20
输入注释文字的第一行<多行文字(M)>:4号莫氏锥度
输入注释文字的下一行:

图 4.33　引线标注命令行提示

(3)其他标注与上述过程类似,在此不再赘述。

2.绘图技巧分析

如果在后续的引线标注时采用相同的设置,则不需要再执行"设置(S)"选项进行标注设置。

4.2.4　公差标注

标注命令

公差▦:公差标注用于标注对象的轮廓和位置。规定尺寸的最大允许值,用来标注形位公差。表 4.2 为形位公差符号所代表的意义。

表 4.2　形位公差符号意义

符　号	名　称	符　号	名　称
⌖	定位	⌒	平面轮廓
◎	同心/同轴	⌒	直线轮廓
=	对称	↗	圆跳动
//	平行	↗↗	全跳动
⊥	垂直	⌀	直径
∠	角	Ⓜ	最大包容条件(MMC)
⌭	柱面性	Ⓛ	最小包容条件(LMC)
▱	平坦度	Ⓢ	不考虑特征尺寸(RFS)
○	圆或圆度	Ⓟ	投影公差
—	直线度		

实例六 绘制如下图形,并对其标注尺寸公差,标注结果如图 4.34 所示。

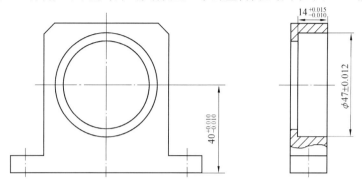

图 4.34 标注实例六

(1)标注垂直尺寸 40 及公差。单击线性标注 按钮,启动线性标注。捕捉尺寸界限的位置后,单击鼠标右键,在下列菜单中选择"多行文字(M)"在弹出的"文字格式"对话框中输入"40 + 0.010^ − 0.010",如图 4.35 所示。

图 4.35 标注垂直尺寸公差设置 1

(2)选中" + 0.010^ − 0.010",单击编辑器中的堆叠 按钮,选中的文字将按标注格式显示,如图 4.36 所示。

图 4.36 标注垂直尺寸公差设置 2

(3)单击确定按钮,切换到绘图屏幕,确定尺寸线的位置后,单击拾取键,标注出对应的尺寸及公差,如图 4.37 所示。

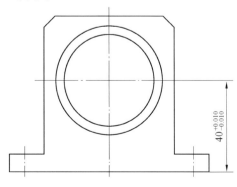

图 4.37 公差标注结果

(4)标注水平尺寸 14 及公差。采用另一种方法来标注此尺寸,首先通过对话框进行标注设置,单击标注样式 按钮,系统弹出"标注样式管理器"对话框,单击替代按钮,在"替代当前样式"对话框中,单击"公差"选项卡,设置如图 4.38 所示。

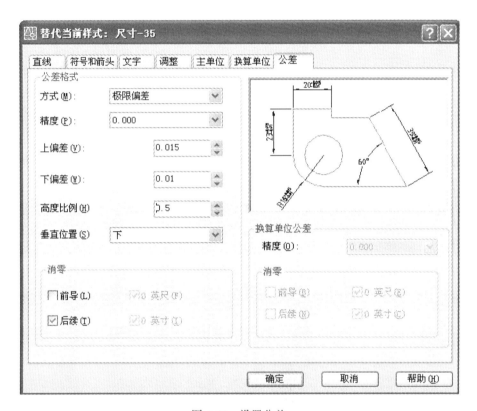

图 4.38 设置公差

单击确定按钮,关闭"标注样式管理器"对话框。

(5)单击线性标注 按钮,启动线性标注命令,标注水平尺寸 14,系统会自动标注出相应的公差。

(6)标注尺寸 $\phi 47$。同样,通过"替代当前样式"对话框进行相应设置,在"公差"选项卡中"方式"下拉列表中选择"对称"选项,将"精度"设置为 0.000;"上偏差"设置为 0.012;"高度比例"设置为 1;"垂直位置"设置为"中"。在"主单位"选项卡中的"前缀"文本框中输入"%%C"。通过线性标注命令即可标注出尺寸 $\phi 47$。

实例七 绘制图形并标注垂直度公差,标注效果如图 4.39 所示。

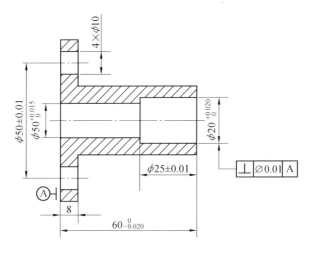

图 4.39 标注其他公差

1. 方法

(1) 绘制图形。

(2) 单击快速引线 按钮,启动快速引线标注,进行标注设置"S",在弹出的"引线设置"对话框中选择"注释"选项卡,其设置如图 4.40 所示。

图 4.40 引线设置——注释

(3) 选择"引线和箭头"选项卡,其设置如图 4.41 所示。

图 4.41 引线设置——引线和箭头

(4)单击确定按钮,捕捉 $\phi 20$ 尺寸线与位于下方的尺寸界线的交点,系统弹出"形位公差"对话框,其设置如图 4.42 所示。

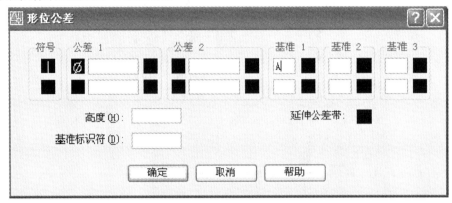

图 4.42 "形位公差"对话框

(4)单击确定按钮,完成垂直度公差的标注,标注结果如图 4.34 所示。

2.绘图技巧分析

在设置"形位公差"对话框时,应单击"符号"方框,从弹出的"符号"对话框中选择垂直度符号;单击"公差 1"下面的小黑方框可以显示出直径符号 ϕ。

练习图

绘制图形并对其进行各形位公差的标注,标注结果如图所示。

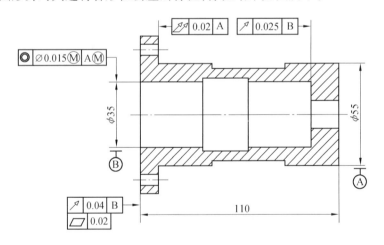

4.3 样板文件的使用

4.3.1 样板文件的设置

绘图前,可以通过"文件/新建"命令打开"选择样板"对话框,从中选择一个 AutoCAD 自带的样板文件开始绘制图形。但是,为了满足不同行业的需要,用户最好制作自己的样板文件。创建样板文件的主要目的是把每次绘图都要进行的各种重复性工作以样板文件的形式保存下来,下一次绘图时,可直接使用样板文件的这些内容。这样,可避免重复劳动,提高绘图效率,同时,保证了各种图形文件使用标准的一致性。

样板文件的内容通常包括图形界限、图形单位、图层、线型、线宽、文字样式、标注样式、表格样式和布局等设置以及绘制图框及标题栏。

设置命令

(1)设置图形界限。在命令行输入 LIMITS 或选择"格式/图形界限"启动图形界限命令,用于标明用户的工作区域和图纸边界,让用户在设置好的区域内绘图,以避免所绘制的图形超出该边界。

(2)设置图形单位。在命令输入 UNITS 或 DDUNITS 或 UN 或选择"格式/单位"启动图形单位设置。用于设置图形的大小、精度以及所采用的单位。

实例 创建 A4(竖装)机械样板文件。

1.方法

(1)创建新图形文件。单击下拉菜单"文件/新建",弹出"创建新图形"对话框,选择"默认设置"为"公制"。

(2)设置绘图单位。单击下拉菜单"格式/单位",弹出"图形单位"对话框,其设置如图4.43 所示。单击该对话框中的方向按钮,弹出"方向控制"对话框,其设置如图4.44所示。

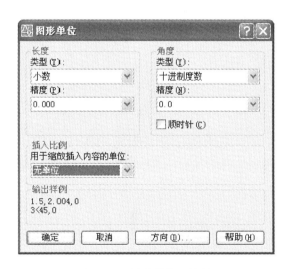

图 4.43 "图形单位"对话框

图4.44 "方向控制"对话框

(3)设置绘图界限。在命令行输入 LIMITS,启动绘图界限命令,系统提示如图4.45所示。

命令:LIMITS
重新设置模型空间界限:
指定左下角点或[开(ON)/关(OFF)]<0.000,0.000>:
指定右上角点 <420.000,297.000>:210,297

图4.45 设置模型容量

(4)使绘图界限充满显示区。单击下拉菜单"视图/缩放/全部"。

(5)设置图形界限检查。在命令行输入 LIMITS,启动绘图界限命令,系统提示如图4.46所示。

命令:LIMITS
重新设置模型空间界限:
指定左下角点或[开(ON)/关(OFF)]<0.000,0.000>:on

图4.46 设置图形界限检查

(6)设置工程字样式。单击文字样式 按钮,在弹出的"文字样式"对话框中进行设置,如图4.47所示。

图4.47 工程字样式设置

(7)设置图层。在"图层"工具栏中单击图层特性管理器 按钮,在"图层特性管理器"对话框中设置各图层,如图4.48所示。

图4.48 图层设置

(8)设置尺寸标样式。单击尺寸标注样式 按钮,启动标注样式命令,系统弹出"标注样式管理器"对话框,以ISO-25为基础样式新建"机械-GB"样式,并按表4.3所示设置有关的变量值,其余采用默认设置。

表4.3 机械图尺寸标注样式样式变量设置一览表

选项卡	选项组	选项名称	变量值
直线和箭头	尺寸线	基线间距	8
	尺寸界限	超出尺寸线	3
		起点偏移	0
	箭头	第一个	实心闭合
		第二个	实心闭合
		引线	实心闭合
		箭头大小	3

续表 4.3

选项卡	选项组	选项名称	变量值
文字	文字外观	文字样式	工程字
		文字高度	3.5
	文字位置	垂直	上方
		水平	置中
		从尺寸线偏移	1
	文字对齐	与尺寸线对齐	选中
主单位	线性标注	单位格式	小数
		精度	0.00
		小数分隔符	句号
	角度标注	单位格式	十进制度数
		精度	0.0

另外,还应按表 4.4 所示设置角度、直径、半径标注子样式。

表 4.4 机械图尺寸标注样式子样式变量设置一览表

名称	选项卡	选项组	选项名称	变量值
角度	文字	文字位置	垂直	上方
			水平	置中
		文字对齐	水平	选中
直径/半径	文字	文字对齐	ISO	选中
	调整	调整选项	文字	选中

(9)绘制图框。为了便于图样的绘制和图纸的管理,机械制图国家标准中对图纸幅面作了规定,尺寸可参见表 4.5 所示。

表 4.5 机械制图国家标准图幅尺寸

幅面代号	A0	A1	A2	A3	A4
B×L	841×1189	594×841	420×594	297×420	210×297
a	25				
c	10			5	
e	20		10		

(10)绘制标题栏。这里采用简化标题栏,如图 4.49 所示。
(11)定义标题栏图块。将"文字"图层设置为当前层,单击下拉菜单"绘图/块/定义属

<table>
<tr><td colspan="3" rowspan="2"></td><td>比 例</td><td></td><td rowspan="2"></td></tr>
<tr><td>材 料</td><td></td></tr>
<tr><td>制 图</td><td></td><td></td><td colspan="3" rowspan="2"></td></tr>
<tr><td>审 核</td><td></td><td></td></tr>
</table>

图 4.49 标准标题栏

性”,在弹出的“属性定义”对话框的“标记”文本框中输入“(图名)”,在“提示”文本框中输入“请输入图名”,在“对正”下拉列表框中选择“中间”,在“文字样式”下拉列表框中选择“工程字”,在“高度”文本框中输入 5,单击确定按钮,利用捕捉功能在屏幕上捕捉对正点。用同样的方法定义其他属性,最后,完成带属性的标题栏,如图 4.50 所示。

<table>
<tr><td colspan="3" rowspan="2">(图名)</td><td>比 例</td><td>(比例)</td><td rowspan="2">(图号)</td></tr>
<tr><td>材 料</td><td>(材料)</td></tr>
<tr><td>制 图</td><td>(姓名)</td><td>(日期)</td><td colspan="3" rowspan="2"></td></tr>
<tr><td>审 核</td><td>(姓名)</td><td>(日期)</td></tr>
</table>

图 4.50 带属性标题栏

(12)创建属性块。单击下拉菜单“绘图/块/创建”,在弹出的“块定义”对话框的“名称”文本框中输入“标题栏”,单击选择对象按钮,选择标题栏及其属性,单击拾取点按钮,捕捉标题栏右下角点作为基点。

(13)定义常用符号图块。如同创建标题栏的属性块的方法,由用户自定义(如粗糙度、基准符号等)。

(14)保存样板文件。单击下拉菜单“文件/另存为”,弹出“图形另存为”对话框,在“文件类型”下拉列表框中选择“AutoCAD 图形样板(* .dwt)”,输入文件名为“V_A4”,再单击保存按钮,弹出“样板说明”对话框,可以输入有关的说明。

2.绘图技巧分析

(1) 如果选用公制样板打开,通常“绘图单位”的设置可以省略,直接使用默认的设置。

(2) 图纸的边界线应画成细实线,而图框应画成粗实线。

4.3.2 图形样板文件的调用

样板文件建立好以后,每次绘图都可能调用样板文件开始绘制新图,调用方法如下。

(1)单击下拉菜单“文件/新建”,系统弹出“选择样板”对话框,选择样板文件“V_A4”。

(2)单击下拉菜单“插入/块”,在弹出的“插入”对话框中的“名称”下拉列表框中选择“标题栏”,这样就调用了图形样板文件。

练习

创建 A3(横装)机械样板文件。

4.4 图块的使用

所谓图块就是指由多个实体组合成的一个整体,它是 AutoCAD 图形设计中的一个重要概念。在绘制图形时,如果图形中有大量相同或相似的内容,或者所绘制的图形与已有图形文件相同。则可以把要重复绘制的图形创建成块,在需要时直接插入它们;也可以将已有的图形文件直接插入到当前图形中,从而提高绘图效率。

绘图命令

定义块属性 (ATTDEF):定义图块的一些非图形信息,它是图块的一个组成部分,与图形对象一起构成一个整体,在插入图块时,AutoCAD 把图形对象连同属性一起插入到图形。

创建内部块 (BLOCK):用于块的定义,包括块名,一个或多个对象。用于插入块的基点坐标值和所有相关的属性数据。

创建外部块(WBLOCK):将对象保存到单独的图形文件,或将内部块转换为单独的图形文件。该命令创建的块可用于任何图形,且组成块的各对象不一定在同一图层上。

插入块 (INSERT):可用于将已定义的外部块或在当前图形中已定义的内部块插入到当前图形中,可进行单个块的插入,也可进行块的多重插入。

实例一 定义"粗糙度符号"块(图 4.51)。

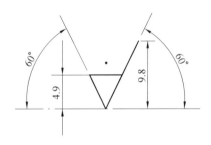

图 4.51 粗糙度符号

(1)绘制粗糙度符号。

(2)设置文字样式,单击"样式"工具栏中的文字样式 按钮,弹出"文字样式"对话框,如图 4.52 所示。

(3)单击对话框中的新建按钮,在弹出的"新建文字样式"对话框中输入新文字样式的名称"工程字-35",如图 4.53 所示。

(4)定义属性,将文字图层设置为当前图层。

(5)选择"绘图/块/属性定义",系统弹出"属性定义"对话框,在对话框中进行相应的设置,如图 4.54 所示。

(6)单击对话框中的确定按钮,系统提示如图 4.55 所示。

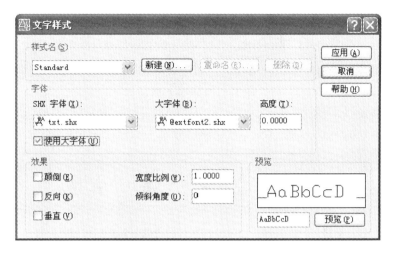

图 4.52 "文字样式"对话框

图 4.53 新建"工程字-35"文字样式

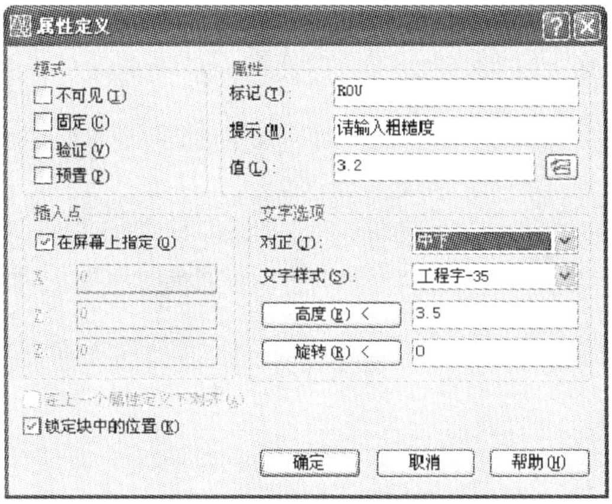

图 4.54 "属性定义"对话框

指定起点:

图 4.55 文字样式命令行提示

在此提示下拾取图 4.51 中标记有小黑圆点的位置,即可完成标记为 ROU 的属性定义,而且 AutoCAD 将把该标记按指定的文字样式、对正方式显示在对应位置,如图 4.56 所示。

图 4.56

(7)定义块,单击创建块 按钮,系统弹出"块定义"对话框,在该对话框中进行如下设置,如图 4.57 所示。

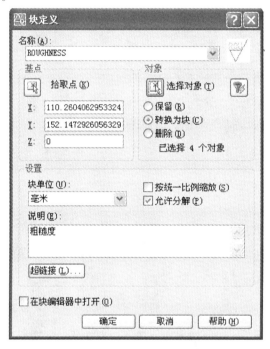

图 4.57 "块定义"对话框

通过拾取点按钮拾取图 4.51 中两条斜线在下方的交点作为块的基点;选中"转换为块"单选按钮,这样,在定义块后,会自动将所选择的对象转换成块;通过"选择对象"按钮选择图 4.51 中表示粗糙度符号的三条线以及块标记文字 ROU 作为创建块的对象。

(8)单击对话框中的确定按钮,完成块的定义,同时系统弹出"编辑属性"对话框,如图 4.58 所示。

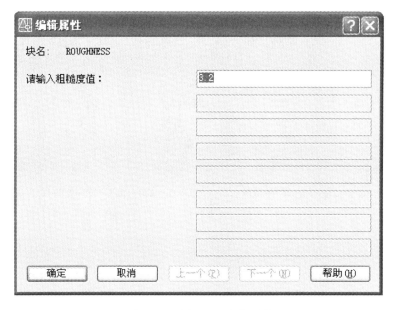

图 4.58 编辑 ROU 文字属性

(9)此时要求输入相应块的属性值。如果直接单击确定按钮,则完成块的定义,如图 4.59 所示。

图 4.59

实例二 将上述图形文件中定义的内部块转换为"外部块",并完成图 4.60。

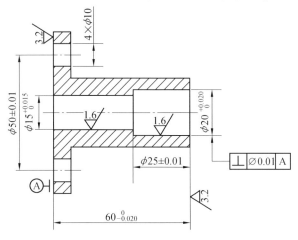

图 4.60 实例二样图

(1) 绘制图形。

(2) 在命令行输入创建外部块命令的命令别名"W",然后回车,打开"写块"对话框。

(3) 在对话框的"源"组件中选择"块",在下拉列表中选择已定义的内部块"ROUGHNESS"。

(4) 在该对话框的"目标"组件中设置该外部块保存的名称和路径,如"E \ CAD 图库 \ 粗糙度",然后单击确定按钮即可,如图 4.61 所示。

图 4.61　"写块"对话框

(5) 用同样的方法,将块 ROUGHNESS – 1 定义成外部块。

(6) 绘制图形如图 4.62 所示。

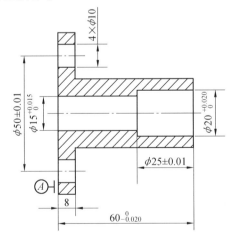

图 4.62　实例二——未标注公差的图形

(7) 在右端面处插入粗糙度符号。单击插入块按钮,系统弹出"插入"对话框,如图 4.63 所示。

图 4.63 "插入"对话框

单击确定按钮,系统提示如图 4.64 所示。

　　指定块的插入点:
　　请输入粗糙度值 < 3.2 > :

图 4.64 插入块命令行提示

(8)用类似的过程标注其他粗糙度,即可得到如图 4.60 所示最终结果。

练习图

1.定义一个粗糙度符号块,将块名定义为 ROUGHNESS – 1,结果如图所示。

2.绘制如下图形,并插入粗糙度符号,操作结果如图所示。

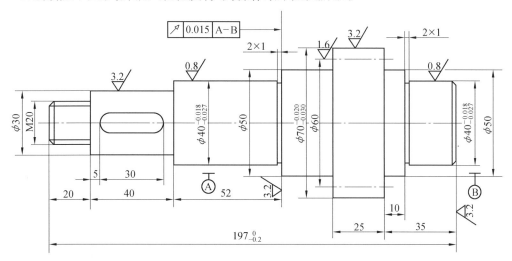

4.5 三视图的绘制

4.5.1 实例一

利用自动追踪功能并结合捕捉、正交等绘图辅助工具,完成三视图的绘制,如图 4.65 所示。

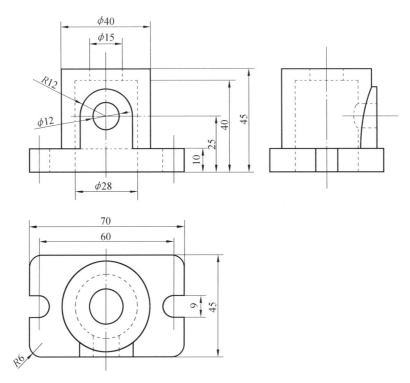

图 4.65 三视图绘制实例一

1.绘图及编辑命令

样条曲线 ~(SPLINE):是通过拟合数据点绘制而成的光滑曲线,它是一种非均匀关系类型的曲线,这种类型的曲线可用于绘制机械图形的折断线等。

旋转 (ROTATE):用于将选定的对象绕指定中心旋转。

拉伸 (STRETCH):用于拖动选择的对象,且对象的形状发生改变。

修剪 (TRIM):用指定的一个或多个边界来修剪与之相交的对象。

比例 (SCALE):用于使所选对象改变大小,但不改变对象各部分的比例。

2.方法

(1)单击标准工具栏中的打开 按钮,调用前面设置好的"A4 样板.dwt"文件,这个样板文件已设置好图层。

(2)在状态行的对象捕捉按钮上,单击鼠标右键弹出快捷菜单,选择"设置",打开"草图设置"对话框,在对话框中设置对象捕捉模式:端点、中点、圆心、象限点、交点。

(3)在状态行上依次单击极轴、对象捕捉、对象追踪、线宽按钮。

(4)将粗实线置为当前图层。

(5)单击绘图工具栏中的矩形▭工具按钮,绘制底板俯视图的轮廓矩形。

(6)将中心线置为当前图层。

(7)单击绘图工具栏中的直线 ∕ 按钮和自动追踪功能绘制俯视图中心线,如图4.66所示。

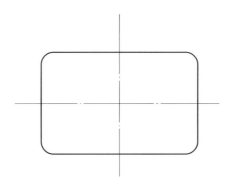

图 4.66 步骤(7)结果

(8)将粗实线置为当前图层。

(9)单击绘图工具栏中的圆 ⊙ 工具按钮,捕捉追踪上述中心线交点,水平向左追踪30,得到圆心,绘制 ϕ9 小圆,单击绘图工具栏中的直线 ∕ 按钮,用对象捕捉与自动追踪功能绘制 ϕ9 小圆的切线及垂直中心线,并镜像复制 ϕ9 小圆和两条切线,再单击修改工具栏中的修剪 ⊱ 按钮,修剪多余的图线,如图4.67所示。

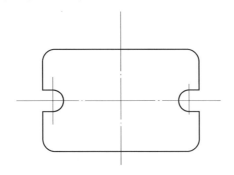

图 4.67 步骤(9)结果

(10)绘制底板主视图轮廓线。单击绘图工具栏中直线 ∕ 按钮,启动直线命令,移动光标至点 A,出现端点标记及提示,向上移动光标至合适位置,单击鼠标,向右移动鼠标,水平追踪,输入 70,向上移动鼠标,垂直追踪,输入 10,向左移动鼠标,水平追踪,输入 70,封闭图形,如图4.68所示。

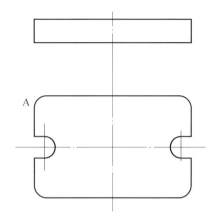

图 4.68 步骤(10)结果

(11)利用自动追踪绘制对称中心线及底板 U 形槽主视图上的中心线和转向轮廓线,再将其改到相应的中心线和虚线图层上,并镜像复制,如图 4.69 所示。

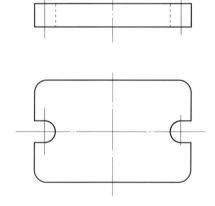

图 4.69 步骤(11)结果

(12)绘制铅垂圆柱俯视图。单击绘图工具栏圆 ⊙ 按钮,捕捉俯视图中心线交点,作为圆心,绘制 $\phi40,\phi28,\phi15$ 的圆,并将 $\phi28$ 的圆改到虚线层,如图 4.70 所示。

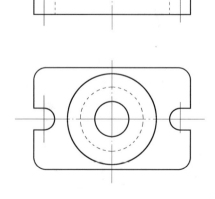

图 4.70 步骤(12)结果

(13) 绘制 $\phi40$ 铅垂圆柱主视图的轮廓线。单击绘图工具栏直线按钮,启动直线命令,光标移动至点 B,出现象限点标记及提示,单击,向上移动鼠标,垂直追踪,输入 35,移动光标至点 C,出现象限点标记及提示,向上移动光标,单击,向下移动鼠标,垂直追踪,输入 35,回车,结束直线命令。

(14) 绘制铅垂圆柱主视图的轮廓线。用同样的方法绘制 $\phi28$,$\phi15$ 的孔的正面投影轮廓线,并改为虚线层,如图 4.71 所示。

(15) 绘制 U 形凸台主视图上的圆。单击绘图工具栏圆按钮,捕捉追踪主视图底边中点,垂直向上追踪 25,得到圆心,绘制 $\phi24$ 的圆,再绘制 $\phi12$ 的同心圆。

(16) 绘制 $\phi24$ 圆的两条垂直切线,以这两条切线为剪切边界,修剪 $\phi24$ 圆的下半部分,绘制 $\phi24$ 圆水平中心线,并将其改到中心线图层。

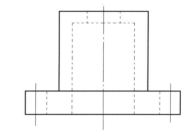

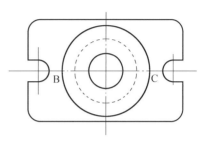

图 4.71 步骤(14)结果

(17) 单击修改工具栏打断于点按钮,将底板主视图上边在点 D 处打断。用同样方法将底板上边在点 E 处打断,将线 DE 改到虚线层,完成主视图,如图 4.72 所示。

(18) 绘制 U 形凸台俯视图。利用自动追踪绘制凸台俯视图轮廓线,并将 $\phi12$ 孔的转向改为虚线层,如图 4.73 所示。

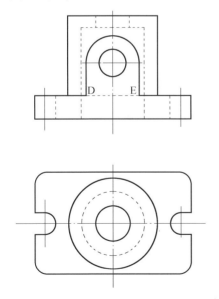

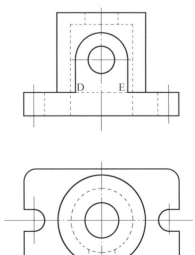

图 4.72 步骤(17)结果　　　　图 4.73 步骤(18)结果

(19) 复制和旋转俯视图至合适的位置,作为辅助图形,如图 4.74 所示。

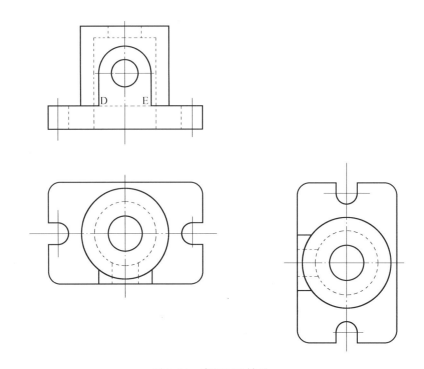

图 4.74 步骤(19)结果

(20)利用自动追踪确定左视图位置,绘制底板和圆柱左视图,如图 4.75 所示。

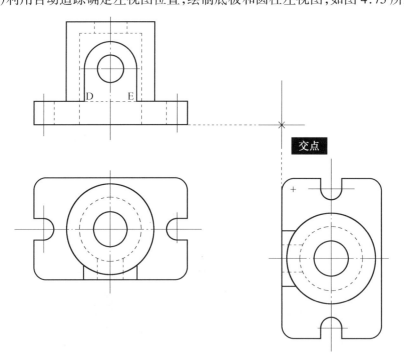

图 4.75 步骤(20)结果

(21)绘制 U 形凸台左视图(过程略),如图 4.76 所示。

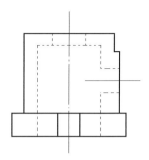

图 4.76　步骤(21)结果

(22)绘制截交线与相贯线。单击绘图工具栏"圆弧"按钮,用三点圆弧画法,利用捕捉与自动追踪功能以依次捕捉 1,2,3 点绘制相贯线 123。

(23)用同样的方法,依次捕捉 4,5,6 点绘制相贯线 456,如图 4.77 所示。

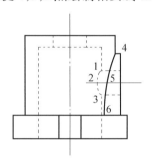

图 4.77　步骤(23)结果

(24)删除复制旋转后的辅助图形。完成三视图的绘制,结果如图 4.78 所示。

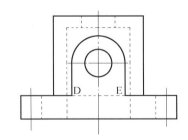
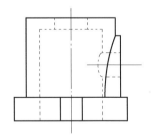

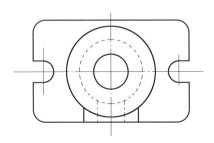

图 4.78　步骤(24)结果

(25)设置标注样式,标注尺寸。

(26)保存文件。

练习图

1.绘制如图所示的铰链座三视图。

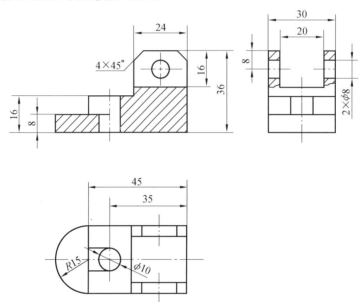

2.绘制如图所示的零件三视图。

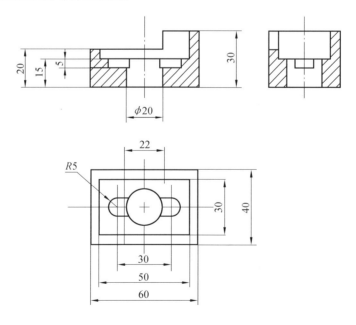

4.5.2 实例二

绘制如图 4.79 所示的销轴。

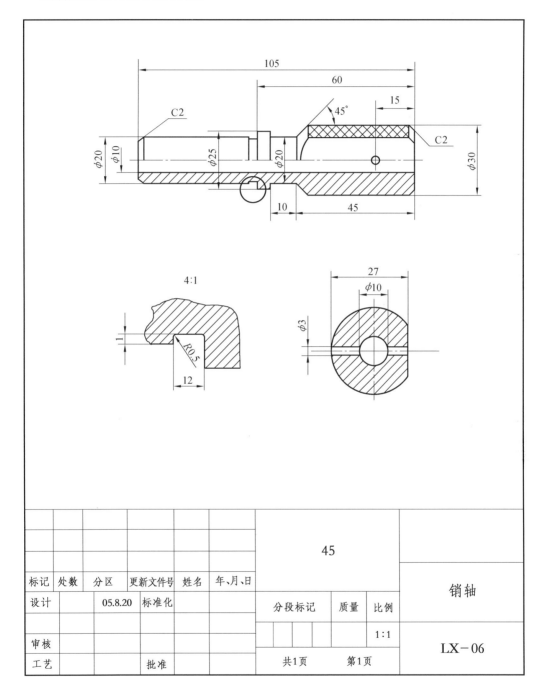

图 4.79

(1)单击标准工具栏中的打开按钮,调用"A4样板.dwt"文件,这个样板文件已设置好图层。

(2)将图形文件保存。

(3)将"粗实线"置为当前图层。

(4)单击绘图工具栏直线按钮,利用自动追踪功能,竖直向下追踪10,绘制销轴左端面直线。

(5)单击修改工具栏偏移按钮,输入偏移距离105,绘制销轴右端面直线。

(6)将中心线置为当前图层。

(7)利用捕捉与自动追踪功能绘制中心线。

(8)利用捕捉及自动追踪功能分别绘制销轴各端面线。

(9)单击绘图工具栏直线按钮,利用捕捉功能,将各端面线连接起来。

(10)单击修改工具栏倒角按钮,倒角,如图4.80所示。

图4.80　步骤(10)结果

(11)单击修改工具栏镜像按钮,对销轴的上半部分进行镜像,结果如图4.81所示。

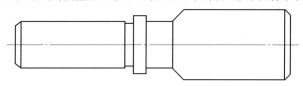

图4.81　步骤(11)结果

(12)利用修改工具栏修剪和删除按钮,对销轴下半部分不需要的线条进行修剪和删除,结果如图4.82所示。

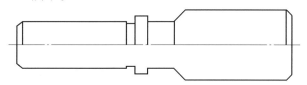

图4.82　步骤(12)结果

(13)绘制其他图形元素,如图4.83所示。

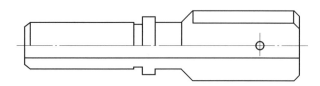

图4.83　步骤(13)结果

(14)单击绘图工具栏样条曲线 ~ 按钮绘制剖面曲线,单击绘图工具栏圆 ⊙ 按钮,绘制放大符号,结果如图 4.84 所示。

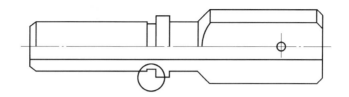

图 4.84 步骤(14)结果

(15)绘制销轴上 φ3 处的剖面图,结果如图 4.85 所示。

(16)绘制放大视图,结果如图 4.86 所示。

图 4.85 剖面图 图 4.86 放大视图

(17)将剖面线图层设为当前图层。单击修改工具栏中的图案填充 按钮,将剖面图填充为"ANSI31",完成后效果如图 4.87 所示。

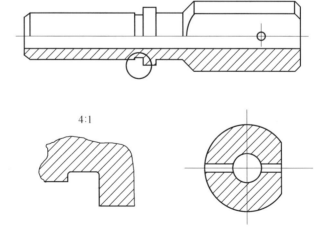

图 4.87 加剖面线后结果

(18)将剖面线图层设为当前图层。单击修改工具栏中的图案填充按钮,将剖面图填充为"ANSI37",完成后效果如图 4.88 所示。

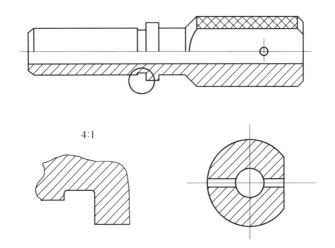

图 4.88　图案填充结果

(19)设置标注样式,对销轴进行尺寸标注,结果如图 4.89 所示。

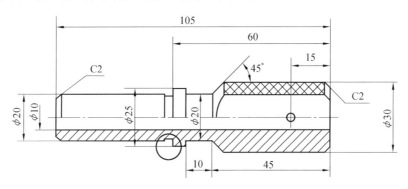

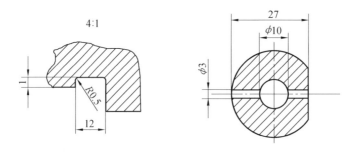

图 4.89　绘图结果

(20)插入 A4 图框,完成销轴的绘制。

练习图

1.绘制如图所示的图形,并对其标注尺寸、公差、文字等。

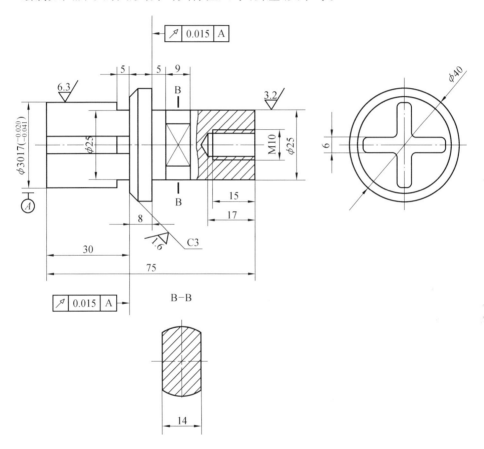

2.绘制如图所示的偏心轮零件图。

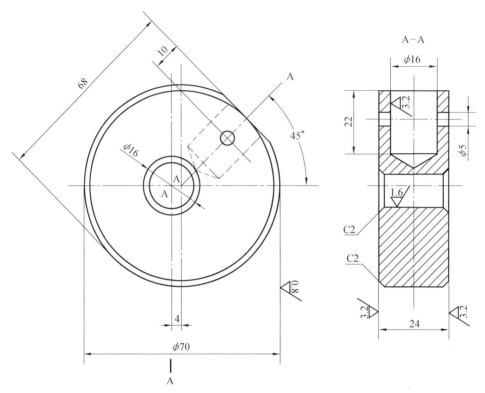

4.5.3 实例三

绘制泵盖零件图,如图 4.90 所示。

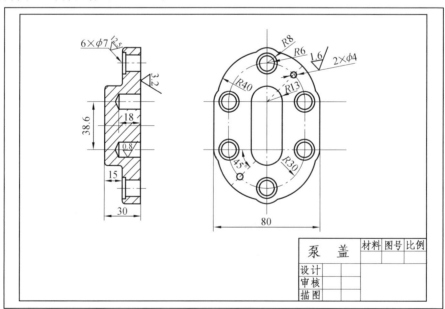

图 4.90

第4章 规范完成 AutoCAD 机械绘图

(1)单击标准工具栏中的打开按钮，调用"A3样板.dwt"文件,这个样板文件已设置好图层。

(2)将图形文件另存为"4-5-3.dwg"图形文件。

(3)单击菜单栏中的"格式/图形界限"菜单命令,设置绘图界限,系统提示如图4.91所示。

命令:_LIMITS
重新设置模型空间界限:
指定左下角点或[开(ON)/关(OFF)] <0.0000,0.0000>:
指定右上角点 <420.0000,297.0000>:420,297

图4.91 LIMIT设置命令行提示

(4)单击菜单栏中的"视图/缩放/全部"菜单命令,将绘图区域全部显示。

(5)将中心线图层设为当前图层。

(6)单击绘图工具栏中的构造线按钮,打开"正交"模式,绘制一条水平中心线和一条竖直中心线。

(7)单击修改工具栏中的偏移按钮,将竖直中心线分别向左、右各偏移40 mm,如图4.92所示,提示行如图4.93所示。

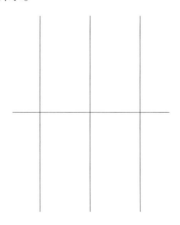

图4.92 绘制水平中心线

命令:_OFFSET
当前设置:删除源=否 图层=源 OFFSETGAPTYPE=0
指定偏移距离或[通过(T)/删除(E)/图层(L)] <通过>:40
选择要偏移的对象,或[退出(E)/放弃(U)] <退出>:
指定要偏移的那一侧上的点,或[退出(E)/多个(M)/放弃(U)] <退出>:
选择要偏移的对象,或[退出(E)/放弃(U)] <退出>:

图4.93 绘制水平中心线提示

(8)重复偏移命令,将水平中心线分别向上、下偏移 19.3 mm,如图 4.94 所示,提示行如图 4.95 所示。

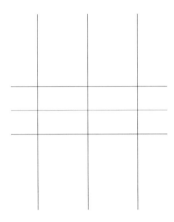

图 4.94　绘制垂直中心线结果

命令:_OFFSET
当前设置:删除源=否 图层=源 OFFSETGAPTYPE=0
指定偏移距离或[通过(T)/删除(E)/图层(L)]<通过>:19.3
选择要偏移的对象,或[退出(E)/放弃(U)]<退出>:
指定要偏移的那一侧上的点,或[退出(E)/多个(M)/放弃(U)]<退出>:
选择要偏移的对象,或[退出(E)/放弃(U)]<退出>:

图 4.95　绘制垂直中心线命令行

(9)将当前图层设为粗实线图层,单击绘图工具栏中的圆⊙按钮,分别以中上的交点为圆心和以中下的交点为圆心,绘制半径为 40 mm 的两个圆,如图 4.96 所示。

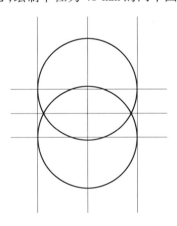

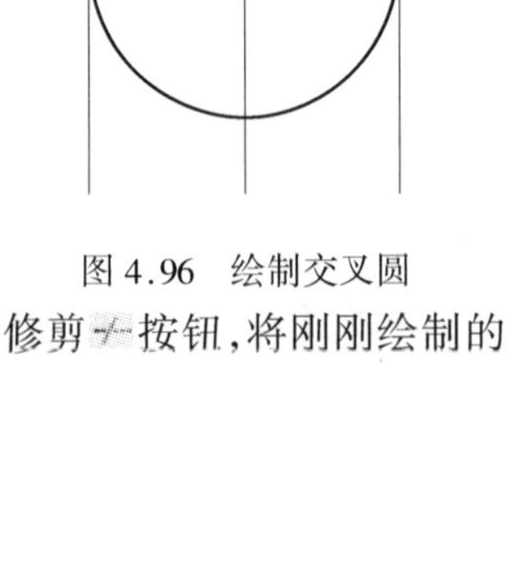

图 4.96　绘制交叉圆

(10)单击修改工具栏中的修剪┼按钮,将刚刚绘制的两个圆进行修剪,完成后效果如图 4.97 所示。

(11)单击绘图工具栏中的直线 ∕ 按钮,将刚刚修剪的两个半圆用直线连起来,如图 4.98 所示。

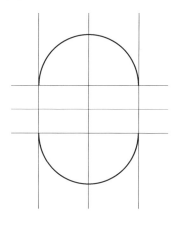

图 4.97　修剪图形

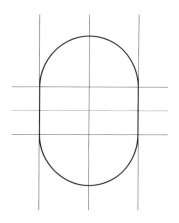

图 4.98　步骤 11 结果

(12)单击修改工具栏中的偏移 按钮,将轮廓向内偏移 10 mm,如图 4.99 所示。将其图层改为中心线图层。

(13)单击绘图工具栏中的圆 按钮,在内点划线和中心线交点上绘制 6 个半径为 13 mm 的圆,如图 4.100。

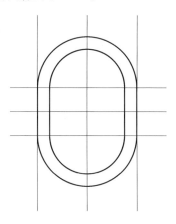

图 4.99　向内偏移

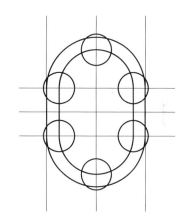

图 4.100　绘制半径为 13 的半圆

(14)单击修改工具栏中的修剪 按钮,将刚刚绘制的圆进行修剪,修剪后如图 4.101 所示。

(15)单击绘图工具栏中的直线 ∕ 按钮,在左、右两侧绘制切线。然后对其进行修剪,完成后效果如图 4.102 所示。

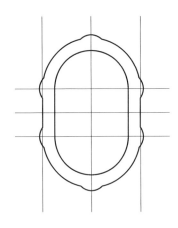 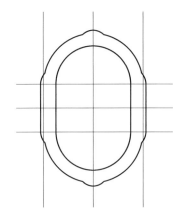

图 4.101　修剪图形结果　　　　　　　图 4.102　步骤(15)结果

(16)单击绘图工具栏中的圆 按钮,绘制直径为 26 mm 的两个圆,如图 4.103 所示。

(17)单击绘图工具栏中的直线 按钮,用直线将刚刚绘制的两个圆连起来,如图 4.104所示。

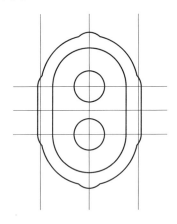 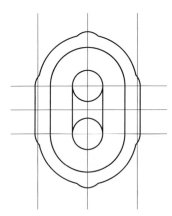

图 4.103　步骤(16)结果　　　　　　　图 4.104　步骤(17)结果

(18)单击修改工具栏中的修剪 按钮,将内部的两个圆进行修剪,如图 4.105 所示。

(19)单击绘图工具栏中的圆 按钮,捕捉外形上部分圆的圆心,绘制 6 个半径为 8 mm 的圆,如图 4.106 所示。

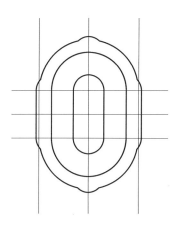
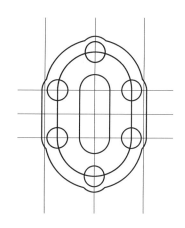

图 4.105　修剪结果　　　　　　图 4.106　步骤 19 结果

(20) 再单击绘图工具栏中的圆 ◎ 按钮,在刚刚绘制的圆所在的圆心,绘制 6 个半径为 6 mm 的圆,如图 4.107 所示。

(21) 将中心线图层设为当前图层。单击绘图工具栏中的构造线 ╱ 按钮,在内部轮廓的圆心上绘制一条 45°的线条,如图 4.108 所示,系统提示如图 4.109 所示。

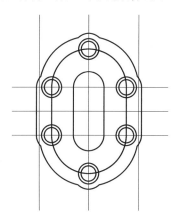
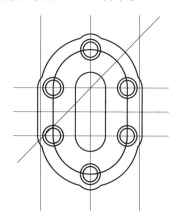

图 4.107　步骤(20)结果　　　　　　图 4.108　绘制构造线

命令:_XLINE
指定点或[水平(H)/垂直(V)/角度(A)/二等分(B)/偏移(O)]:a
指定通过点:
指定通过点:

图 4.109　构造线命令提示

(22)将粗实线图层设为当前图层,单击绘图工具栏中的圆⊙按钮,在刚刚绘制的轮廓和内侧点划线的交点上绘制一个直径为 4 mm 的圆,如图 4.110 所示。

(23)将中心线图层设为当前图层,单击绘图工具栏中的构造线✎按钮,在内部轮廓的圆心上绘制一条 45°的线条,如图 4.111 所示。

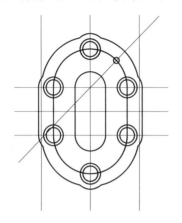
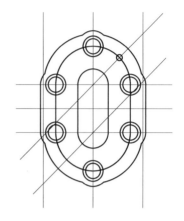

图 4.110 绘制直径 4 mm 的圆　　　　图 4.111 步骤(23)结果

(24)将粗实线图层设为当前图层,单击绘图工具栏中的圆⊙按钮,在刚刚绘制的轮廓和内侧点划线的交点上绘制一个直径为 4 mm 的圆,如图 4.112 所示。

(25)单击修改工具栏中的修剪⊁按钮,将点划线进行修剪,结果如图 4.113 所示。

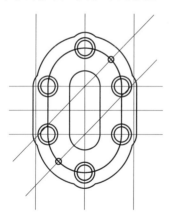
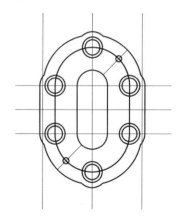

图 4.112 步骤(24)结果　　　　图 4.113 步骤(25)结果

(26)将中心线图层设为当前图层。单击绘图工具栏中的构造线✎按钮,绘制剖面图的辅助线,如图 4.114 所示。

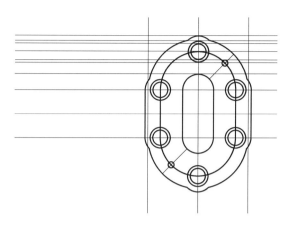

图 4.114　绘制辅助线

(27)将粗实线图层设为当前图层。单击绘图工具栏中的直线 ∕ 按钮,绘制剖面图右边的第一根线条,如图 4.115 所示。

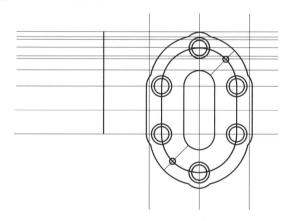

图 4.115　步骤(27)结果

(28)单击修改工具栏中的偏移 ⏣ 按钮,将刚刚绘制的直线依次向左偏移15 mm,再偏移 15 mm,如图 4.116 所示。

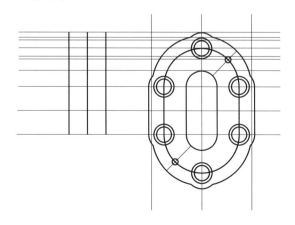

图 4.116　步骤(28)结果

(29)单击绘图工具栏中的直线 ✎ 按钮,绘制剖面图的水平直线,如图 4.117 所示。

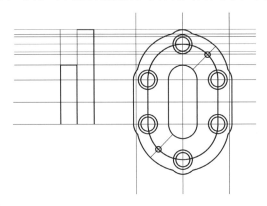

图 4.117 绘制水平线

(30)单击修改工具栏中的圆角 ⌐ 按钮,将其圆角,圆角半径为 3 mm,如图 4.118 所示。

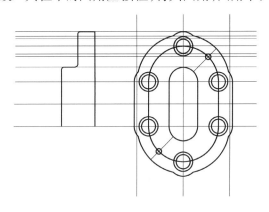

图 4.118 圆角

(31)单击修改工具栏中的偏移 ⚏ 按钮,将右边第一根线分别向左偏移 11 mm 和 18 mm,如图 4.119 所示。

(32)单击绘图工具栏中的直线 ✎ 按钮,绘制螺钉孔,如图 4.120 所示。

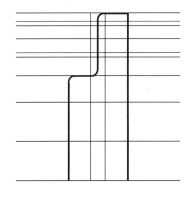   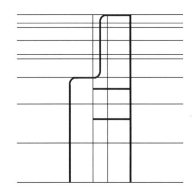

图 4.119 偏移　　　　　　　　图 4.120 螺钉孔

(33)单击修改工具栏中的修剪 按钮,将刚刚偏移的线条修剪,如图 4.121 所示。

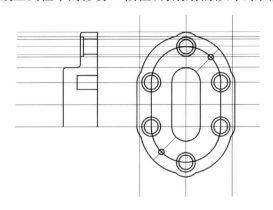

图 4.121　步骤(33)结果

(34)单击绘图工具栏中的构造线 按钮,绘制螺钉孔底部结构,如图 4.122 所示。

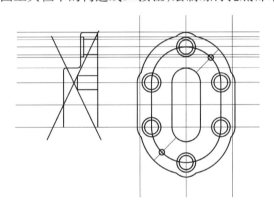

图 4.122　绘制螺钉底部

(35)单击修改工具栏中的修剪 按钮,对刚刚绘制的构造线进行修剪,完成后效果如图 4.123 所示。

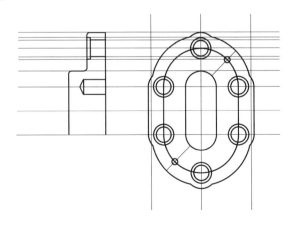

图 4.123　步骤(35)结果

(36)单击修改工具栏中的镜像 按钮,将剖面的上部分全部镜像到下部分,完成后效果如图4.124所示。

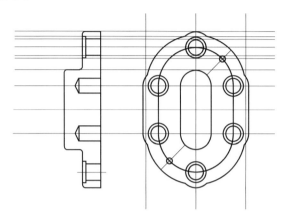

图4.124 镜像结果

(37)单击修改工具栏中的修剪 按钮,将点划线进行修剪,完成后效果如图4.125所示。

(38)将剖面线图层设为当前图层,单击修改工具栏中的图案填充 按钮,将剖面图填充为"ANSI31",完成后效果如图4.126所示。

(39)将当前图层设为尺寸图层,设置标注样式,使用标注工具对其图形进行标注,完成后效果如图4.127所示。

(40)插入A4图框,完成。

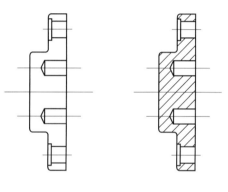

图4.125 步骤(37)结果　图4.126 图案填充结果

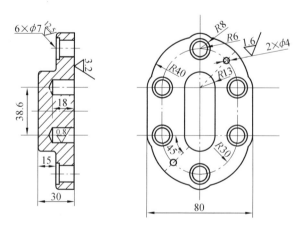

图4.127 结果

练习图

绘制如图所示法兰盘零件图。

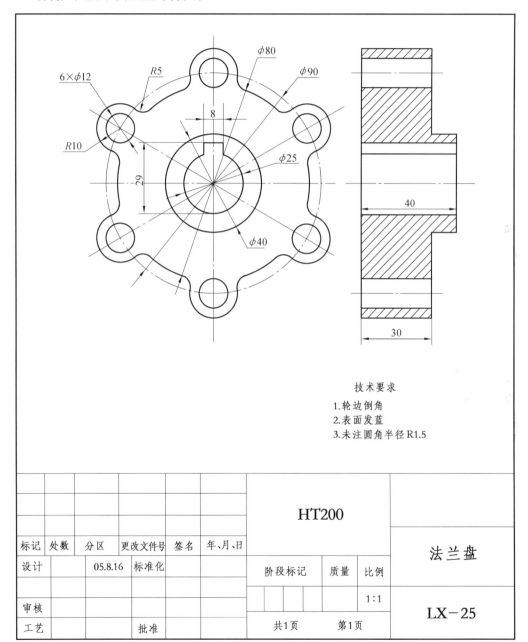

第 5 章 典型机械零件 AutoCAD 设计

本章主要通过典型标准件和典型零部件的绘制,体现如何应用 AutoCAD 软件进行机械设计,并保证设计工作符合国家标准的要求。由于常用命令已经学习完毕,本章不再对绘图命令和编辑命令进行讲解,仅根据绘图实例进行简单分析后给出具体绘制过程。学习本章时,应注意通过 AutoCAD 反映设计者意图的基本方法和思想。

5.1 标准件设计

5.1.1 螺纹

实例一 绘制 M16×40 螺栓,如图 5.1 所示。

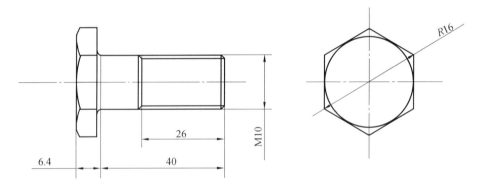

图 5.1 螺栓

1.设计分析

螺栓与螺母设计过程类似,主视图中螺柱部分利用直线、修剪、倒角和镜像命令绘制;螺栓头则需要主视图与左视图利用投影对应关系配合绘制。

2.方法

从本章开始我们将进一步研究如何按照制图规范完成设计工作,因此我们按照上章内容设计 A3、A4 图纸的样板文件 A3.dwt,A4.dwt。

(1)配置绘图环境。

①按照上章内容设计样板文件 A4.dwt

②建立新文件。以"A4.dwt"样板文件为模板,建立新文件。

③保存文件。将新文件命名为"螺栓.dwg"并保存。

(2)绘制中心线,切换到中心线图层,调用直线命令绘制直线(100,150),(250,150)。

(3)绘制螺栓主视图。

①切换图层到粗实线图层,并缩放平移图形到恰当位置。

②绘制螺纹部分轮廓线,调用直线命令,绘制直线(120,120),(120,180)和直线(120,155),(160,155)。

③调用偏移命令偏移直线(120,120),(120,180),偏移距离分别为6.4,14,40,结果如图5.2。

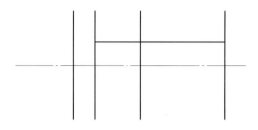

图 5.2 步骤(1)-③结果

④调用偏移命令,设定偏移距离为1,偏移辅助倒角的直线和螺纹线,结果如图5.3所示。

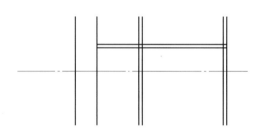

图 5.3 步骤(1)-④结果

(4)倒角并修剪,再沿中心线对修剪进行镜像,结果如图5.4所示。

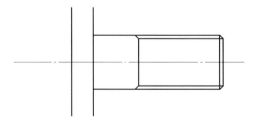

图 5.4 步骤(4)结果

(5)绘制螺拴右视图。

①切换到中心线图层绘制中心线。

②切换图层到粗实线,绘制正六边形半径为16。
③绘制六边形内切圆,结果如图5.5所示。

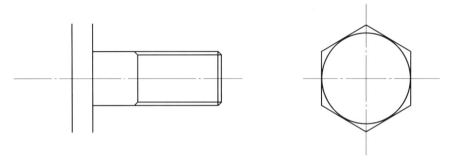

图5.5　步骤(5)-③结果

(6)完成主视图。
①利用对象追踪,通过右视图的相关点完成主视图相关线条。
②再绘制六角螺帽的轮廓倒角和圆弧投影线,最后补全和修剪图形,绘制结果如图5.6所示。

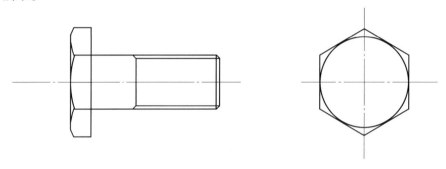

图5.6　绘制结果

(7)完成标注和相关文字(略)。

3.小结

螺栓和螺母配合组成螺纹紧固件,是机械和工业上最常见的连接零件,具有连接方便、承受力强等优点。与螺母相对应,螺栓也已经形成国家标准,其参数已经固定。绘制时也一定要参照相关国家标准(GB6170—86等)的参数进行绘制。

与螺栓相似的螺纹紧固件还有双头螺柱、螺钉。双头螺柱和螺钉根据结构不同又分为很多种类型,如A型双头螺柱(GB897—88)、B型双头螺柱(GB898—88),开槽圆柱头(GB65—85)、开槽盘头螺钉(GB67—85)、开槽沉头螺钉(GB68—85)、开槽半沉头螺钉(GB69—85)、开槽锥端紧定螺钉(GB71—85)、开口平端紧定螺钉(GB73—85)、开口长圆柱端紧定螺钉(GB75—85)等。开口圆柱形螺钉和双头螺柱结构及绘制方法与螺栓类似。

5.1.2 轴承

实例二 绘制的轴承如图5.7所示。

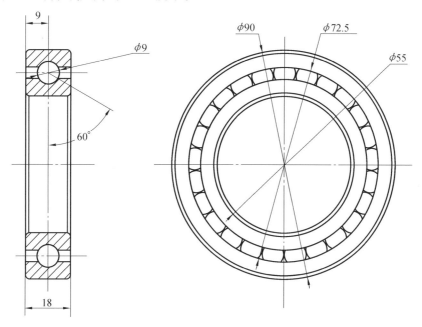

图 5.7 轴承

1. 设计分析

轴承零件的绘制过程分为两个阶段,先绘制主视图,然后完成剖面左视图的绘制。再次使用了利用多视图互相投影对应关系绘制图形的方法。

2. 方法

(1) 配置绘图环境(略)。

(2) 切换到相应图层,绘制中心线。

(3) 绘制轴承主视图。

①切换图层。将当前图层从中心线层切换到实体层。

②缩放和平移视图。利用缩放和平移命令将视图调整到易于观察的程度。

③绘制轮廓线。调用直线命令。

④偏移直线。调用偏移命令,更改偏移直线的图层属性。

⑤绘制滚珠。调用圆命令,绘制圆,半径为4.5 mm,如图5.8所示。

⑥绘制斜线。调用直线命令,采用极坐标下直线长度、角度模式。直线起点为圆心点,绘制水平直线,并镜像,结果如图5.9所示。

⑦倒角并镜像完成主视图,倒角距离为1×1,结果如图5.10所示。

⑧应用图案填充命令绘制剖面线,结果如图5.11所示。

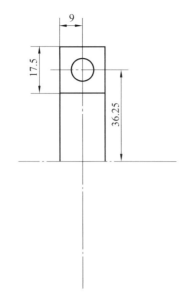 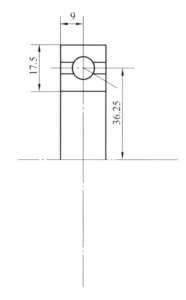

图 5.8　绘制主视图　　　　　　图 5.9　步骤(3)-⑥结果

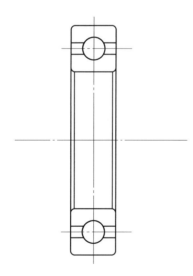 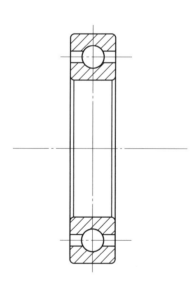

图 5.10　倒角　　　　　　　　　图 5.11　主视图结果

(4)绘制左视图。

①延长中心线到相应位置,并绘制一条垂直中心线。

②应用对象捕捉绘制圆,形成轴承内外圈线条,结果如图 5.12 所示。

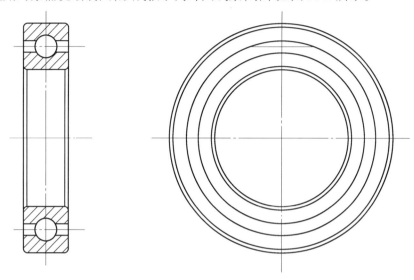

图 5.12　绘制左视图中内外圈

③绘制轴承滚珠,半径为 4.5。

④修剪多余线条,结果如图 5.13 所示。

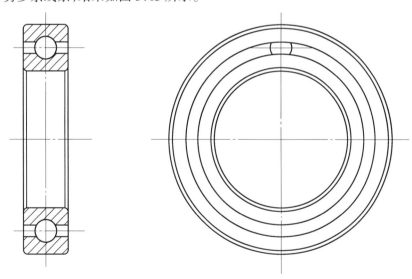

图 5.13　绘制滚珠

⑤以中心线交点为阵列中心,选取前面所绘制的滚珠轮廓线为阵列对象,在阵列数目中输入 25,使用默认的阵列度数 360,单击确定按钮后得到轴承左视图,如图 5.14 所示。利用打断命令删掉过长的中心线,完成轴承视图绘制。

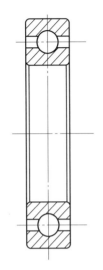
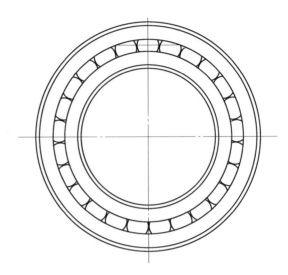

图 5.14 阵列结果

(5)标注并填写标题栏(略)。

3.小结

轴承是一种支撑旋转轴的组件,这里所说的轴承主要指滚动轴承,由于它具有摩擦力小、结构紧凑等优点,因此被广泛地采用。滚动轴承的种类很多,如深沟球轴承、推力球轴承、圆锥滚子轴承等。各种轴承的结构大体相同,一般是由外圈、内圈、滚动体组成,有的还有保持架。绘制方法也与上面介绍的深沟球轴承类似。

5.2 轴类零件设计

实例 绘制如图 5.15 所示的传动轴。

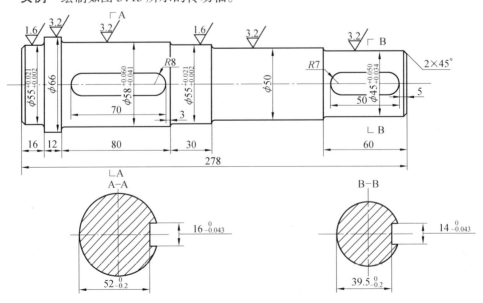

图 5.15 传动轴

1. 设计分析

轴类零件是机械零件中的一种典型的机件,它是有一系列同轴回转体的零件,其上分布有各种键槽。在机械零件图中主要是绘制轴的主视图,局部细节用局部剖视图、局部放大视图等来表现。它的主视图具有对称性,作图时可以以轴的中心线分界,在绘制完轴的上半部后,应用镜像命令完成整个轴轮廓图的绘制。

2. 方法

(1)配置绘图环境,应用样板文件"A3.dwt",并存盘为"传动轴.dwg"。

(2)绘制中心线,长度为300。

(3)绘制传动轴主视图。

①切换图层,调用直线命令沿中心线向上绘制垂直直线长度40。

②偏移形成轴的各个阶梯,偏移距离分别为16,12,80,30,80,60,结果如图5.16所示。

图 5.16 绘制中心线

③偏移中心线,形成各段轴颈,偏移距离为22.5,25,27.5,29,33,结果如图5.17所示。

图 5.17 偏移中心线

④修剪,形成轴的一半,如图5.18所示。

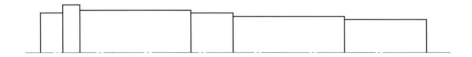

图 5.18 修剪结果

⑤倒角和圆角,设置倒角距离为2×2,圆角半径为R2(注意圆角时采用不修剪的方式),对轴的两端进行倒角,对轴的各阶梯进行圆角处理。对圆角段进行修剪。

⑥镜像形成轴主视图,结果如图5.19所示。

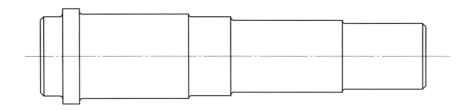

图 5.19 主视图

(4)绘制轴上键槽。

①偏移中心线,距离为 7,8。

②偏移阶梯线段,距离为 3,70,5,50,结果如图 5.20 所示。

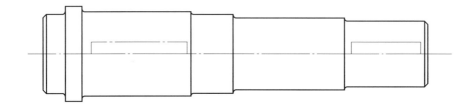

图 5.20 偏移形成键槽

③应用圆角命令形成键槽圆弧部分。

④镜像形成完整的轴主视图,结果如图 5.21 所示。

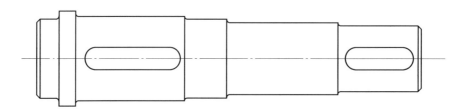

图 5.21 主视图键槽

(5)绘制键槽剖示图。

①切换图层,绘制中心线,如图 5.22 所示。

②绘制圆,半径分别为 29,22.5。

③偏移形成键槽轮廓,结果如图 5.23 所示。

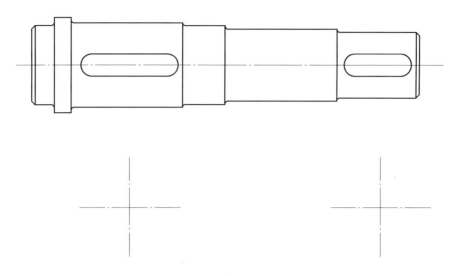

图 5.22　剖视图中心线

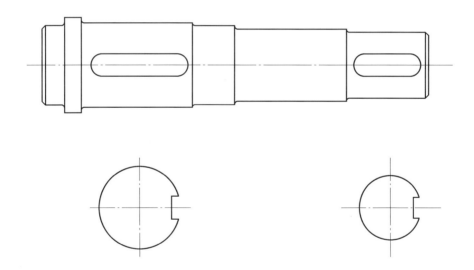

图 5.23　剖视图

④应用图案填充命令绘制剖面线,结果如图 5.24 所示。

(6)标注并填写标题栏(略)。

3.小结

轴类零件结构一般比较简单,轴的主体是由几段不同直径的圆柱(或圆锥)构成阶梯状,轴上加工有退刀槽、倒角等工艺结构,为了传递动力,轴上有键槽等。

这种零件在绘制时一般只需要一个垂直于轴向的主视图配合尺寸标注就能表达清楚其主要结构,然后再利用辅助的剖面图等表达局部结构如键槽等。

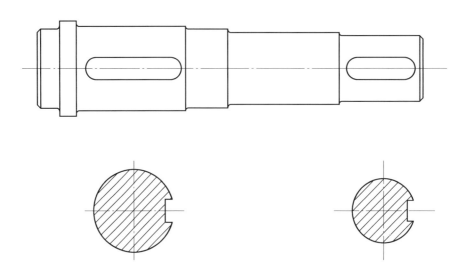

图 5.24 填充剖面线

5.3 盘类零件设计

实例 绘制如图 5.25 所示的圆柱齿轮。

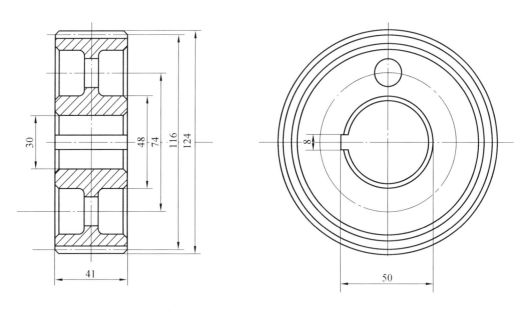

图 5.25 齿轮

1.设计分析

圆柱齿轮零件是机械产品中经常使用的一种典型零件。它的主视剖面图呈对称形状,侧视图则由一组同心圆构成。齿轮设计的过程中首先确定分度圆,然后分别细化齿轮的各个部分。

2. 方法

(1)配置绘图环境(略)。

(2)绘制中心线,并偏移中心线给出分度圆位置,偏移距离为58。

(3)绘制圆柱齿轮主视图。

①绘制边界线。将当前图层从中心线层切换到实体层。调用直线命令,根据模数4绘制齿顶圆和齿根圆边界,直线长度为齿宽的一半20.5,结果如图5.26所示。

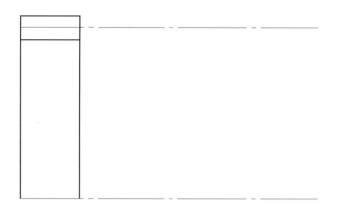

图5.26　主视图步骤①

②向下偏移分度圆中心线直线21,形成齿轮减重孔中心线,并分别向两侧偏移13形成减重孔轮廓,结果如图5.27所示。

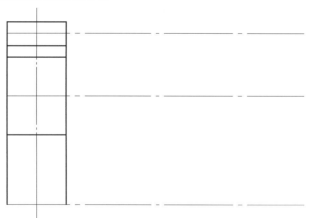

图5.27　主视图步骤②

③图形倒角。调用倒角r命令,角度,距离模式,对齿轮的各处倒直角2×45。然后进行修剪,绘制倒角轮廓线,结果如图5.28所示。

④应用偏移命令绘制中间凹槽,偏移距离为8和13,调用圆角r命令,对中间凹槽倒圆角,半径为3 mm,然后进行修剪,绘制倒角轮廓线,结果如图5.29所示。

⑤应用偏移命令绘制轴孔,偏移距离为10,进行倒角并补齐线条绘制键槽,键宽为8,然后进行修剪,结果如图5.30所示。

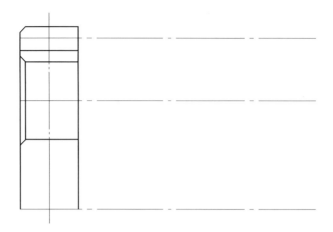

图 5.28　主视图步骤③

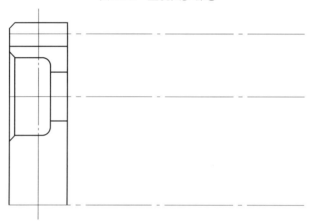

图 5.29　主视图步骤④

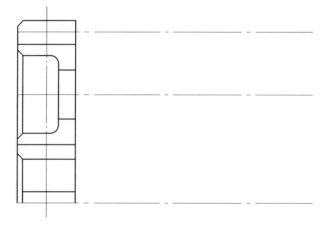

图 5.30　主视图步骤⑤

⑥沿水平和垂直中心线进行镜像,并进行图案填充,完成主视图,结果如图 5.31 所示。

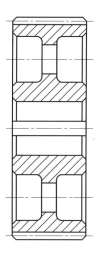

图 5.31 主视图结果

(4)根据主视图,应用对象追踪,绘制左视图。其中键槽的高度为 5 mm,结果如图 5.32 所示。

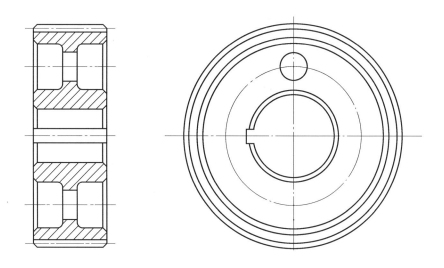

图 5.32 结果

(5)标注并完成标题栏填写(略)。

3.小结

锥齿轮如图 5.33 所示,绘制方法与圆柱齿轮类似,读者可以尝试自己绘制。

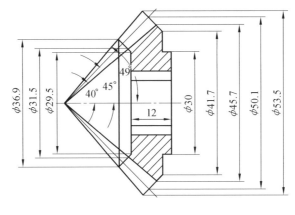

图 5.33 锥齿轮

5.4 壳体类零件设计

减速器箱体的绘制过程是使用 AutoCAD 2006 二维绘图功能的综合实例。

制作思路是:依次绘制减速器箱体俯视图、主视图和侧视图,充分利用多视图投影对应关系,绘制辅助定位直线。对于箱体本身,从上至下划分为 3 个组成部分,箱体顶面、箱体中间腔体和箱体底座,每一个视图的绘制也将围绕这 3 个部分分别进行。在箱体的绘制过程中也充分应用了局部剖视图。

实例 绘制如图 5.34 所示的减速器箱体。

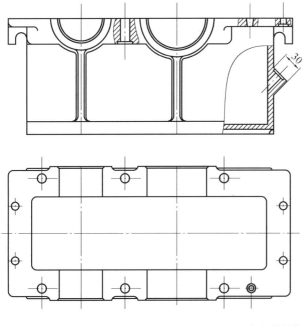

图 5.34 减速器箱体

1. 配置绘图环境

由于减速器箱体的尺寸比前几章使用的模板"A3.dwt"大很多,若还使用上一节绘制圆柱齿轮时的图形缩放方法,将使图形和尺寸都变得分辨性较差,因此要建立新文件,设置新的绘图环境。

(1)建立新文件。选择"文件/新建"命令,打开"选择样板文件"对话框,单击打开按钮右侧的下拉按钮,以"无样板打开一公制"(毫米)方式建立新文件,将新文件命名为"减速器箱体.dwg"并保存。

(2)设置绘图工具栏。选择菜单栏中的"视图/工具栏...",打开"自定义"对话框,调出标准、图层、对象特性、绘图、修改和标注这 6 个工具栏,并将它们移动到绘图窗口中的适当位置。

(3)设置图形界限。选择"格式/图形界限"命令,或在命令行输入 LIMITS 后按 Enter 键,设定图形界限为 A0 幅面(1189×841)。

(4)开启栅格。单击状态栏中栅格按钮,或者使用快捷键 F7 开启栅格。调用菜单栏中的"视图/缩放/全部"命令,调整绘图窗口的显示比例。

(5)创建新图层。调用菜单栏中的"格式/图层"命令,打开"图层特性管理器"对话框,新建并设置每一个图层,如图 5.35 所示。

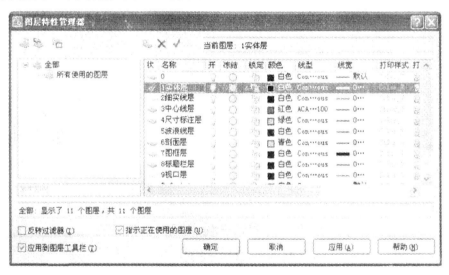

图 5.35 "图层特性管理器"对话框

(6)按机械制图标准。绘制图幅边框。
(7)设置文字标注样式。按第 4 章所讲设置。
(8)创建新标注样式。按第 4 章所讲设置。

2. 绘制减速器箱体

(1)绘制中心线。

切换图层。将中心线层设定为当前图层。绘制中心线,调用直线命令,绘制 3 条水平直线{(50,150),(500,150)},{(50,360),(800,360)}和{(50,530),(800,530)};绘制 5 条竖直直线{(65,50),(65,550)},{(490,50),(490,550)},{(582,350),(582,550)},{(680,

350),(680,550)}和{(778,350),(778,550)},如图 5.36 所示。

图 5.36 绘制中心线

按照传统的机械三视图的绘制方法,应该首先绘制主视图,再利用主视图的图形特征来绘制其他视图和局部剖视图。而对于减速器箱体的绘制,将采用先绘制构形相对简单且又能表达减速器箱体与传动轴、齿轮等安装关系的俯视图,再利用俯视图来绘制其他视图。

(2)绘制减速器箱体俯视图。

①绘制矩形。调用矩形命令,利用给定矩形的两个角点的方法分别绘制矩形 1{(65,52),(490,248)}、矩形 2{(100,97),(455,203)}、矩形 3{(92,54),(463,246)}、矩形 4{(92,89),(463,211)}。矩形 1 和矩形 2 构成箱体顶面轮廓线,矩形 3 表示箱体底座轮廓线,矩形 4 表示箱体中间膛轮廓线,如图 5.37 所示。

②绘制轴孔。绘制轴孔中心线,调用偏移命令,从左向右偏移量依次为 110 mm 和 255 mm;绘制轴孔,调用偏移命令,左轴孔直径为 68 mm,右轴孔直径为 90 mm。完成后的结果如图 5.38 所示。

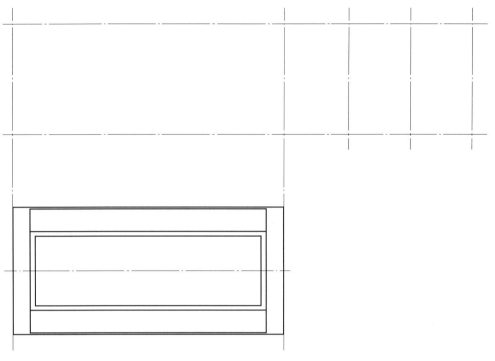

图 5.37 绘制主视图轮廓

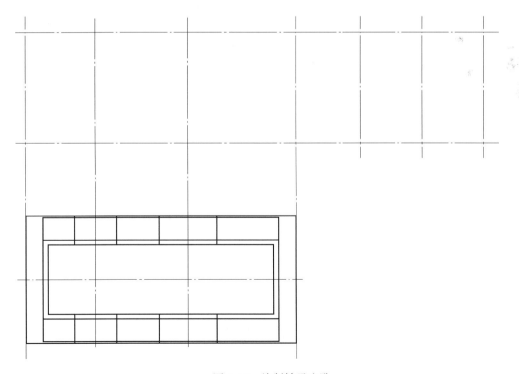

图 5.38 绘制轴承座孔

③细化顶面轮廓线。调用偏移命令,竖直偏移量为 5 mm,水平偏移量为 12 mm,调用修剪命令,进行相关图线的修剪,结果如图 5.39 所示。

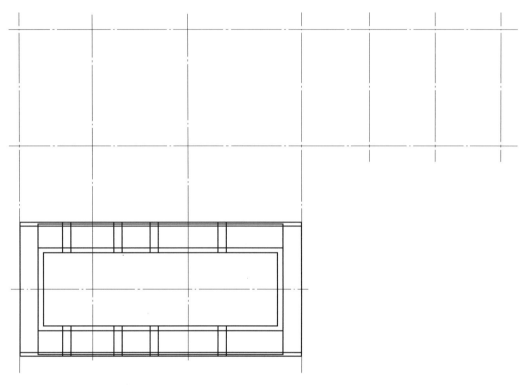

图 5.39　细化顶面轮廓

④顶面轮廓线倒圆角。调用圆角命令,矩形 1 的 4 个直角的圆角半径为 10 mm,其他处倒圆角半径为 5 mm,矩形 2 的 4 个直角的圆角半径为 5 mm。调用修剪命令,进行相关图线的修剪,并对轴承坐孔倒角处理,倒角距离为 2×2,结果如图 5.40 所示。

⑤绘制螺栓孔和销孔中心线。调用偏移命令,竖直偏移量和水平偏移量如图 5.41 所示标注,调用修剪命令,进行相关图线的修剪,结果如图 5.41 所示。

⑥绘制螺栓孔和销孔。螺栓孔上下为 $\phi 13$ 的通孔,右侧为 $\phi 11$ 的通孔;销孔由 $\phi 10$ 和 $\phi 8$ 两个投影圆组成。调用圆命令,以中心线交点为圆心分别绘制。调用修剪命令,进行相关图线的修剪,绘制结果如图 5.42 所示。

⑦箱体底座轮廓线(矩形 3)倒圆角。调用圆角命令,对底座轮廓线(矩形 3)倒圆角,半径为 10 mm。进行修剪,完成减速器箱体俯视图的绘制,结果如图 5.43 所示。

(3)绘制减速器箱体主视图。

①绘制箱体主视图定位线。调用直线命令,利用对象捕捉和正交功能从俯视图绘制投影定位线;调用偏移命令,上面的中心线向下偏移量为 12 mm,下面的中心线向上偏移量为 20 mm,结果如图 5.44 所示。

②绘制主视图轮廓线。调用修剪命令,对主视图进行修剪,形成箱体顶面、箱体中间腔和箱体底座的轮廓线,结果如图 5.45 所示。

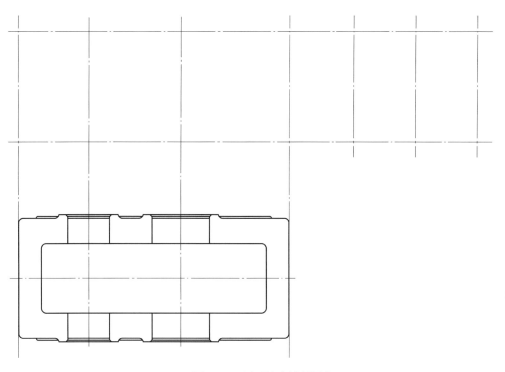

图 5.40 顶面轮廓线倒圆角

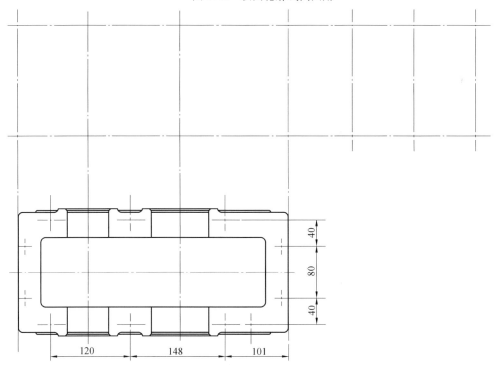

图 5.41 倒制标栓孔中心线

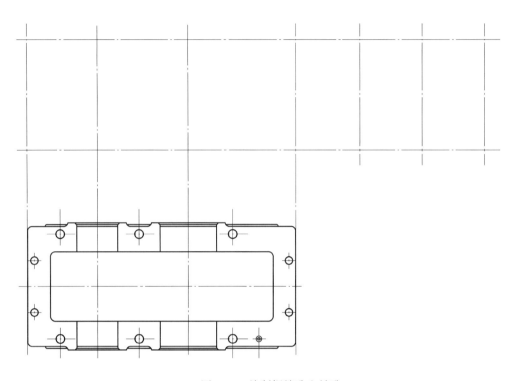

图 5.42　绘制螺栓孔和销孔

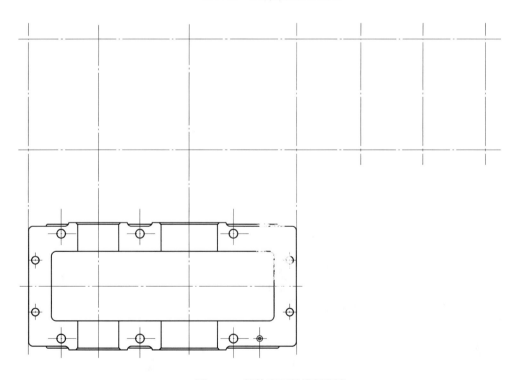

图 5.43　箱体底面轮廓线倒角

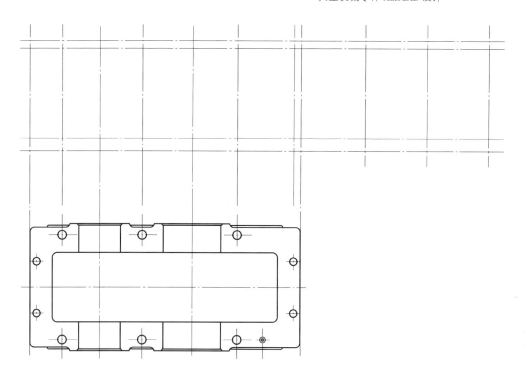

图 5.44 箱体主视图定位线

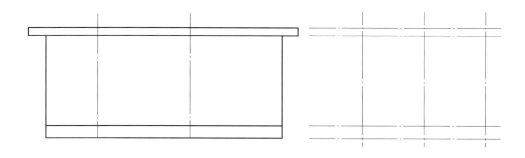

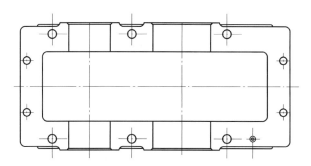

图 5.45 箱体主视图轮廓线

③绘制轴孔和端盖安装面。调用圆命令,以两条竖直中心线与顶面线交点为圆心,分别绘制左侧一组同心圆:$\phi68,\phi72,\phi92$ 和 $\phi98$;右侧一组同心圆:$\phi90,\phi94,\phi114$ 和 $\phi120$。进行修剪,结果如图 5.46 所示。

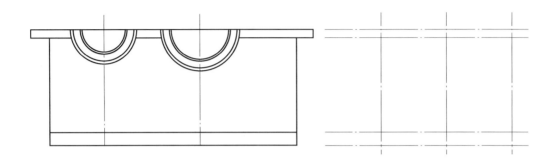

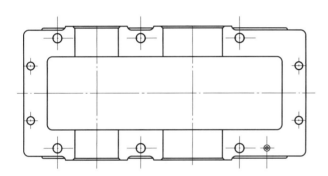

图 5.46　绘制轴孔和端盖安装面

④绘制偏移直线。调用偏移命令,顶面向下偏移量为 40。进行修剪,补全左右轮廓线,结果如图 5.47 所示。绘制补全左右轮廓线,可以调用直线命令绘制。

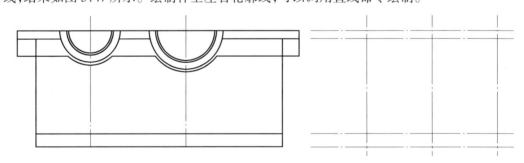

图 5.47　绘制偏移直线

⑤绘制左右耳片。调用偏移命令和圆命令,并进行修剪,耳片半径为 8 mm,深度为 15 mm,结果如图 5.48 所示。

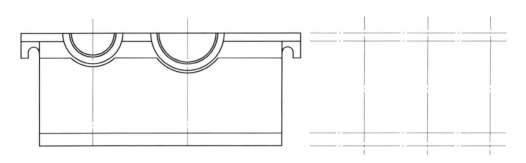

图 5.48　绘制左右耳片

⑥绘制左右肋板。调用偏移命令,绘制偏移直线,肋板宽度为 12 mm,与箱体中外壁的相交宽度为 16 mm。对图形进行修剪,结果如图 5.49 所示。

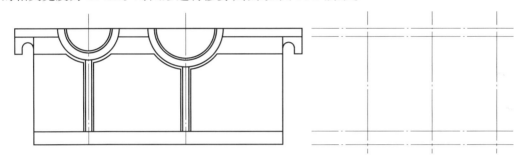

图 5.49　绘制左右肋板

⑦图形倒圆角。调用圆角命令,采用不修剪、半径模式,对主视图进行倒圆角操作,箱体的铸造圆角半径为 5 mm。倒角后再对图形进行修剪,结果如图 5.50 所示。

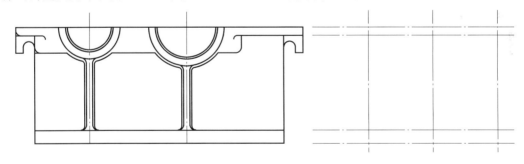

图 5.50　图形倒圆角

⑧绘制螺栓通孔。在剖切平面里,绘制样条曲线。调用样条曲线命令,在两个端盖安装面之间绘制曲线构成剖切平面,绘制螺栓通孔 $\phi 13 \times 38$ mm 和安装沉孔 $\phi 24 \times 2$ mm。调用图案填充命令,切换到剖面层,绘制剖面线。用同样的方法,绘制销通孔 $\phi 10 \times 12$ mm、螺栓通孔 $\phi 11 \times 10$ mm 和安装沉孔 $\phi 15 \times 2$ mm,结果如图 5.51 所示。

⑨绘制油标尺安装孔轮廓线。调用偏移命令,箱底向上偏移量为 100 mm。以偏移线与箱体右侧线交点为起点绘制直线,长度为 30 mm。绘制结果如图 5.52 所示。

⑩绘制油标尺安装孔。调用修订云线命令,绘制油标尺安装孔剖面界线。调用偏移

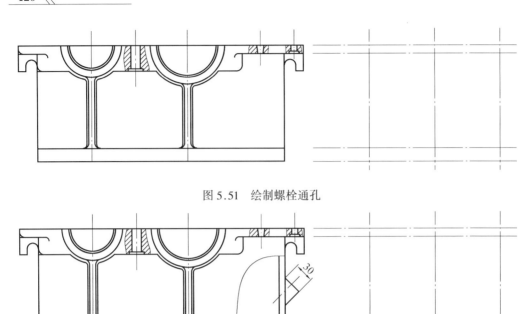

图 5.51　绘制螺栓通孔

图 5.52　绘制油标尺安装孔轮廓线

命令,水平偏移量为 8 mm,向上偏移量依次为 5 mm 和 8 mm,调用圆弧命令绘制 $R3$ 圆弧角,调用修剪命令进行修剪,完成箱体内壁轮廓线。调用直线命令和偏移命令,孔径为 $\phi12$,安装沉孔 $\phi20 \times 1.5$ mm,并进行编辑,调用图案填充命令,切换到剖面层,绘制剖面线。完成减速器箱体主视图的绘制,结果如图5.53所示。

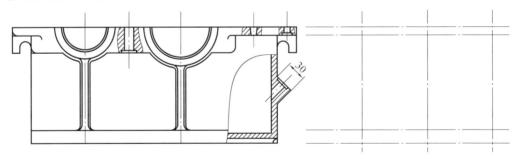

图 5.53　绘制剖面线

(4)绘制减速器箱体侧视图。

①绘制箱体侧视图定位线。调用偏移命令,对称中心线左右各偏移 61 mm 和 96 mm,结果如图 5.54 所示。

②绘制侧视图轮廓线。调用修剪命令,对图形进行修剪,形成箱体顶面、箱体外壁和箱体底座的轮廓线,如图 5.55 所示。

③绘制顶面水平定位线。调用直线命令,以主视图中特征点为起点,利用正交功能绘制水平定位线,结果如图 5.56 所示。

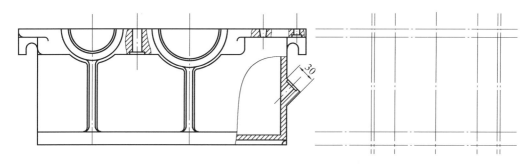

图 5.54 绘制左视图中心线

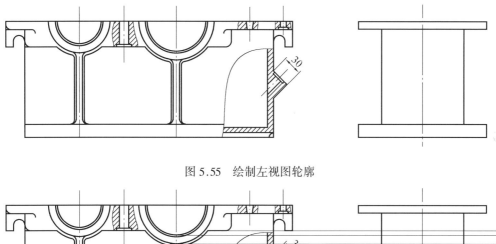

图 5.55 绘制左视图轮廓

图 5.56 绘制水平定位线

④绘制顶面竖直定位线。调用延伸命令,将左右两侧轮廓线延伸;调用偏移命令,偏移量为 5 mm,结果如图 5.57 所示。

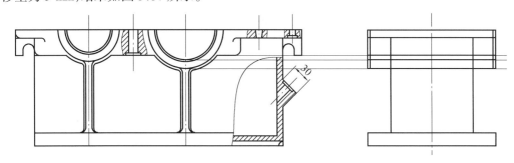

图 5.57 绘制顶面垂直定位线

⑤图形修剪。调用修剪命令,修剪结果如图5.58所示。

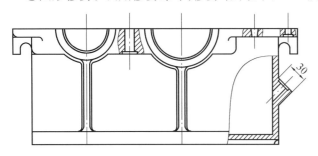 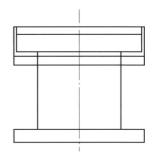

图5.58 修剪图形

⑥绘制肋板。调用偏移命令,偏移量为5 mm。倒圆角,调用圆角命令,圆角半径为5 mm,修剪结果如图5.59所示。

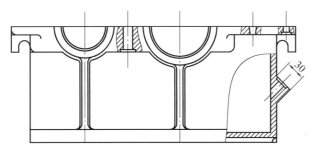 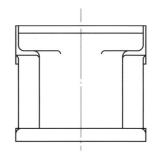

图5.59 绘制肋板

⑦绘制底座。调用偏移命令,中心线左右偏移量均为50 mm,底面线向上偏移量为5 mm,再调用圆角命令,圆角半径为5 mm,修剪结果如图5.60所示。

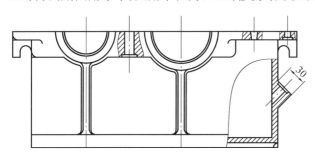 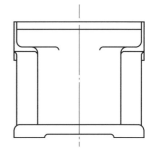

图5.60 绘制底线

⑧绘制底座螺栓通孔。绘制方法与主视图中螺栓通孔的绘制方法相同,绘制定位中心线、剖切线、螺栓通孔、剖切线,并利用直线、圆角、修剪等命令绘制中间吊耳图形,结果如图5.61所示。

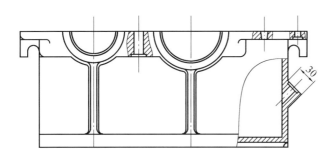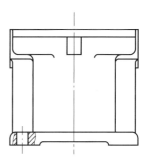

图 5.61 左视图完成图

(5)对视图进行标注(略)。

练习图

下面我们练习绘制减速器的各个零件,为下一章作准备。

1.绘制定距环、销、螺母和平键。

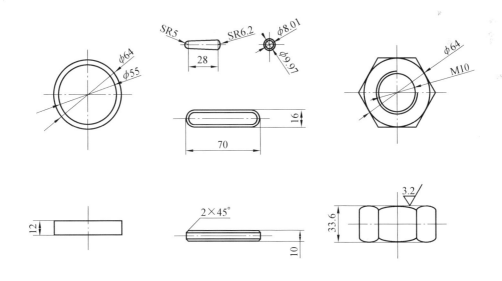

2.绘制油标尺。

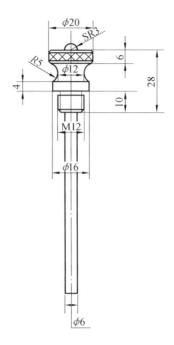

3.绘制齿轮轴。

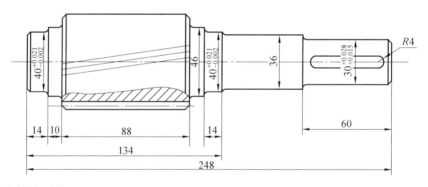

4.绘制轴承盖。

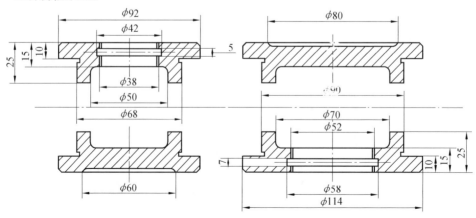

5. 绘制通气器。

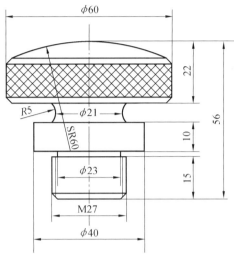

6. 绘制如下零件图。

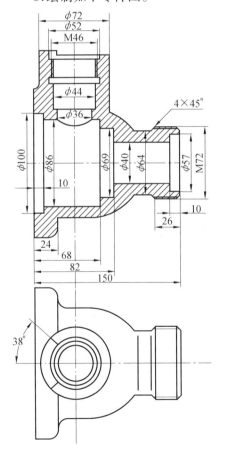

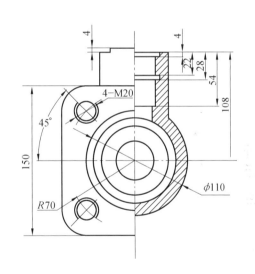

技术要求：
1、铸件应经时效处理，消除内应力；
2、未注铸造圆角 *R*10。

第 6 章　使用 AutoCAD 进行减速器设计

本章是在第 5 章的基础上,通过已经设计完成的减速器零件图转化为图块,并在 AutoCAD 进行快速装配。

6.1　图块的设置

通过第 5 章的学习和课后练习,我们已经绘制了减速器中的零部件。在这节中将这些零件封装成图块,以便在下节中进行拼装使用。

实例　创建大齿轮轴图块。

(1)打开第 5 章所绘制的"传动轴.dwg"文件。

(2)关闭"尺寸标注层"。选择菜单栏中的"格式/图层"命令,打开"图层特性管理器"对话框,单击"尺寸标注层"的"打开/关闭图层"图标,使其呈灰色,关闭"尺寸标注层",单击确定按钮,关闭该对话框,结果如图 6.1 所示。

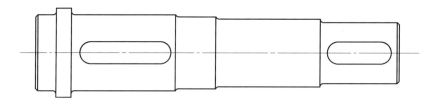

图 6.1　传动轴

(3)创建并保存大齿轮轴图块。

①选择"创建块"命令,在弹出的对话框中点击"选择对象"图标(图 6.2),回到绘图环境,按 Ctrl + A 选择全部图形,回车回到对话框,在名称栏中填入"输出轴",点选基点,选择如图 6.3 所示。单击确定结束命令。

图 6.2　"块定义"对话框

第6章 使用 AutoCAD 进行减速器设计

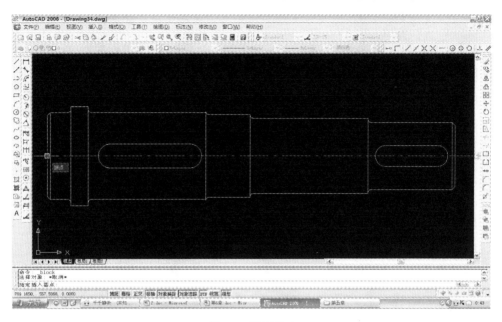

图 6.3 选择基点

②保存零件图块,命令行输入 WBLOCK 后回车,打开写块对话框,在源中选取输出轴,选择路径进行保存,如图 6.4 所示。

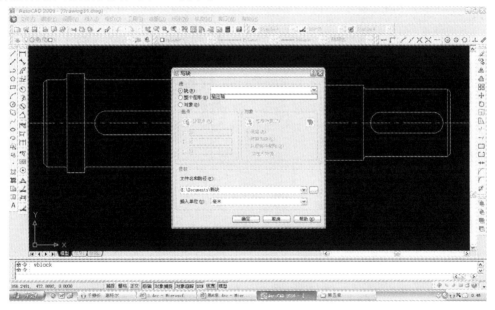

图 6.4 "写块"对话框

练习图

绘制减速器其他零件图块。

6.2 装配图绘制

实例 减速器装配图如图 6.5 所示。例题中所有零部件的图块文件可以自行绘制。

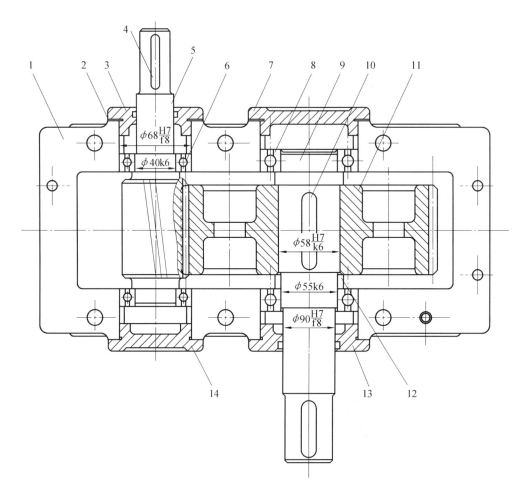

图 6.5

1.设计思想

装配图用来表达部件或机器的工作原理,零件之间的装配关系和相互位置,以及装配、检验、安装所需要的尺寸数据的技术文件。装配图不同于一般的零件图,它有自身的一些基本的规定和画法。

本实例的制作思路:先将减速器箱体图块插入预先设置好的装配图纸中,为后续零件装配定位,然后分别插入上一节中保存过的各个零件图块,调用"移动"命令使其安装到减速器箱体中合适的位置;修剪装配图,删除图中多余的作图线,补绘漏缺的轮廓线;最后,标注装配图配合尺寸,给各个零件编号,填写标题栏和明细表。

第6章 使用AutoCAD进行减速器设计

2. 方法

(1) 安装已有图块。

①插入"减速器箱体图块"。调用菜单栏中的"插入/块"命令,打开"插入"对话框,如图6.6所示。单击浏览按钮,弹出"选择图形文件"对话框,选择"减速器箱体图块.dwg"。单击打开按钮,返回"插入"对话框。设定插入点坐标为(360,300,0),缩放比例和旋转使用默认设置。单击确定按钮,结果如图6.7所示。

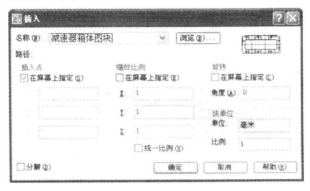

图6.6 "插入"对话框

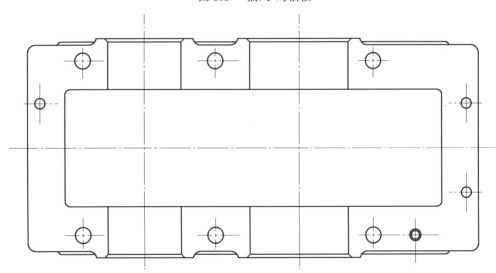

图6.7 插入"减速器箱体图块"

②插入"小齿轮及其轴图块"。继续执行插入块操作,打开"插入"对话框。单击浏览按钮,弹出"选择图形文件"对话框,选择"小齿轮及其轴图块.dwg"。设定插入点,插入点设置为在屏幕上指定,旋转设置为90,缩放比例使用默认设置,单击确定按钮。

③移动图块。调用移动命令,选择小齿轮及其轴图块,将小齿轮及其轴安装到减速器箱体中,使小齿轮及其轴的最下面的台阶面与箱体的内壁重合。

④插入"大齿轮轴图块"。继续执行插入块操作,打开"插入"对话框。单击浏览按钮,弹出"选择图形文件"对话框,选择"大齿轮轴图块.dwg"。设定插入属性,插入点设置为在屏幕上指定,旋转设置为-90,缩放比例使用默认设置,单击确定按钮。

⑤移动图块。调用移动命令,选择"大齿轮轴图块",选择移动基点为大齿轮轴的最上面的台阶面的中点,将大齿轮轴安装到减速器箱体中,使大齿轮轴的最上面的台阶面与减速器箱体的内壁重合。

⑥插入"大齿轮图块"。继续执行插入块操作,打开"插入"对话框。单击浏览按钮,弹出"选择图形文件"对话框,选择"大齿轮图块.dwg"。按前述完成。

⑦安装其他图块。

(2)补全装配图。

①绘制大、小轴承,过程略。

②绘制卡簧,过程略,结果如图6.8所示。

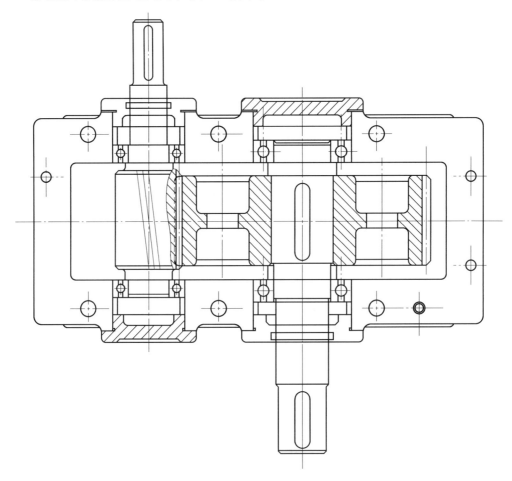

图6.8 安装图块后结果

(3)修剪装配图。

①分解所有图块。调用分解命令,选择所有图块进行分解。

②修剪装配图。调用修剪、删除与打断于点等命令,对装配图进行细节修剪,由于所涉及知识不多,所以直接给出修剪后的结果,如图6.9所示。

修剪规则为:装配图中两个零件接触表面只绘制一条实线,不接触表面以及非配合表

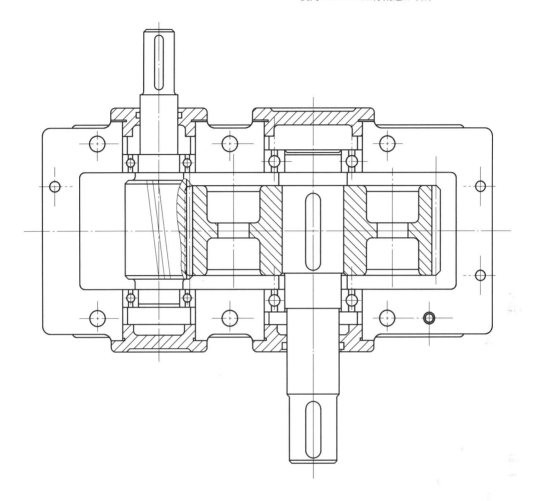

图 6.9

面绘制两条实线;两个(或两个以上)零件的剖面图相互连接时,需要使其剖面线各不相同,以便区分,但同一个零件在不同位置的剖面线必须保持一致。

(4)标注装配图。

①设置尺寸标注样式。如第 4 章所讲。

②标注带公差的配合尺寸。调用线性标注命令,标注小齿轮轴与小轴承的配合尺寸,小轴承与箱体轴孔的配合尺寸,大齿轮轴与大齿轮的配合尺寸,大齿轮轴与大轴承的配合尺寸,以及大轴承与箱体轴孔的配合尺寸。

③标注零件号。调用快速引线命令,标注各个零件的零件号,标注顺序为从装配图左上角开始,沿装配图外表面按顺时针顺序依次给各个减速器零件进行编号,结果如图6.10所示。

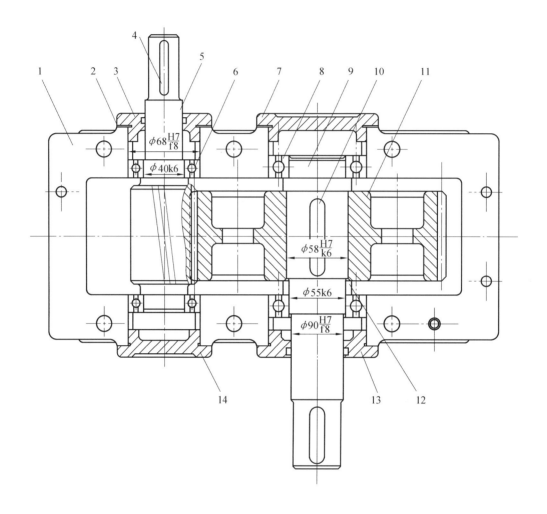

图 6.10

(5)填写标题栏和明细表,如图 6.11 所示。

3. 小结

本章通过减速器装配图的设计与绘制过程,讲述了装配图的绘制方法和一些绘图技巧。通过学习,可以发现二维机械制图的一般规律,就是应尽量先将各个零部件绘制出来,并封装成图块的形式,在装配图中只需插入零部件图块,修改一些配合面的公共线或修剪掉被遮掩的轮廓线。这样可以提高绘制装配图的效率,同时也有利于体会所有零部件的装配顺序和关系,便于了解机器结构。在 CAD 中采用的是传统的"自底向上"的设计思想。

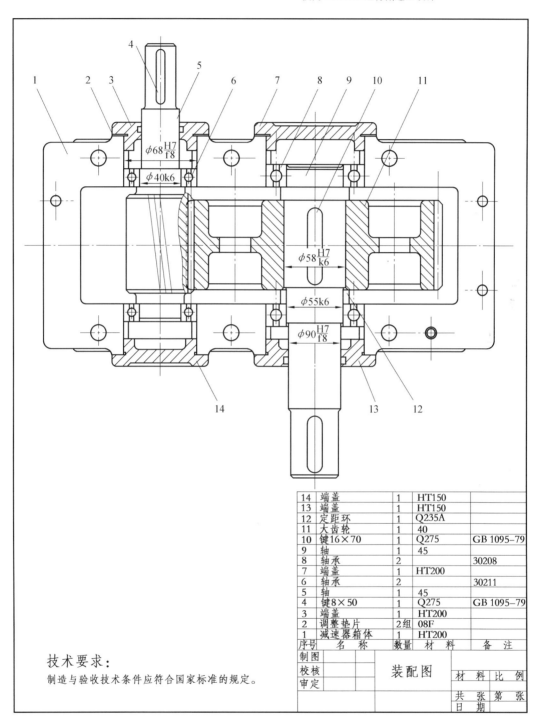

图 6.11 配图设计

第 7 章　AutoCAD 三维设计入门

本章主要讲授 AutoCAD 2006 三维绘图的基本命令、三维坐标系设置、典型立体的绘制和绘图技巧,同时通过实例对命令进行讲解和应用。

7.1　基础知识

7.1.1　三维绘图环境

视点

视点就是将观察者置于某个位置上观察图形,好像从空间中的一个指定点,向原点(0,0,0)方向观察。对于绘制在 XY 平面上的二维图形而言,为了反映图形的真实形状,视点与 XY 平面垂直,观察方向平行于 Z 轴。但在绘制三维图形时,为了能从多种角度观察图形,需要不断改变观察图形的方向(即设置视点),以得到不同的视图。

绘图命令

1.视点

在命令行输入 VPOINT 回车或在下拉菜单"视图"中选择"三维视图"下"视点"启动视点命令。

子命令:

(1)指定一点作为视点。确定视点后,AutoCAD 将该点与坐标原点的连线方向作为观察方向,并在屏幕上按该方向显示图形的投影。

(2)旋转(R)根据角度确定视点。通过指定视线在 XY 平面上的投影与 X 轴正方向的夹角,以及视线与 XY 平面的夹角来确定观察方向。

(3)显示坐标球和三轴架。根据显示出的坐标球和三轴架确定视点,该选项为默认项。

2.利用对话框设置视点

在命令行输入 VP 或 DDVPOINT 回车或在下拉菜单"视图"中选择"三维视图"下"视点设置"启动视点设置命令。

子命令:

选择上述任一方式,弹出"视点预置"对话框,如图 7.1 所示。可以根据需要对视点进行设置。

(1) X 轴(A)指视线在 XY 平面上的投影与 Z 轴正向的夹角。

(2)XY 平面(P)指视线与 XY 平面的夹角。

(3)设置平面视图按钮表示设置视线与 XY 平面垂直,即视线与 XY 平面的夹角为

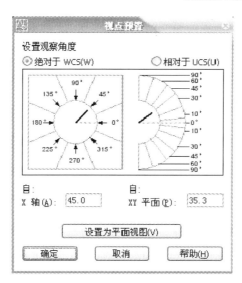

图 7.1 "视点预置"对话框

90°。

(4)绝对于 WCS(W)和相对于 UCS(U)世界坐标系或用户坐标系设置视点。确定视点后,AutoCAD 将按该视点显示图形。

3.快速设定标准视图

在命令行输入 V 或在下拉菜单"视图"下选择"命名视图"启动后显示图形如图 7.2 所示。通过此对话框可以选择在不同的视图下进行绘制和读图。

图 7.2 "视图工具栏"

4.使用三维动态观察器

在命令行输入 3DO(3DORBIT 的缩写)回车或在下拉菜单"视图"中启动"三维动态观察器",图标位置"三维动态观察器"工具栏也可以使用。选择上述任一方式,显示三维动态观察器视图,如图 7.3 所示。

图 7.3 三维动态观察器

操作说明通过单击并拖动鼠标的方式在三维空间动态观察对象,移动光标时,光标的形状将随着改变,以指示视图的旋转方向。

在执行 3DORBIT 命令过程中,光标在屏幕上的任何位置时,如果右击鼠标,就会打开三维视图快捷菜单,可以使用跨界菜单上的命令对实体进行操作,这样将会更加的方便,现将快捷菜单的命令介绍如下。

(1)平移。平移视窗。

(2)缩放。缩放视图。

(3)动态观察。绕固定的轨道观察视窗。

(4)其他。该命令有一个子菜单,用来调整视点的位置和距离,也可调整切断平面的位置。

(5)形象化辅助工具。设置辅助工具,主要包括坐标球、栅格和旋转罗盘。用户可以在菜单中选择和设置。

5．平面视图命令生成三维视图

在命令行输入 PLAN 回车或在下拉菜单"视图"中选择"三维视图"中启动"平面视图"。

子命令：

(1)UCS(C)。重新生成的平面视图显示图形的范围布满当前的 UCS 视口。

(2)UCS(U)。修改为以前保存的 UCS 的平面视图并生成显示。

(3)WCS(W)。重新生成的视图布满世界坐标系的屏幕。

7.1.2 三维坐标系

在一般的绘制图形的情况下,使用二维坐标系就基本足够了,但在绘制三维图形时,由于每个点都有相互不同的 X,Y,Z 坐标值,所以在绘制三维图形时,为了使绘制图形方便直观,必须建立三维的坐标系,AutoCAD 提供的 UCS 命令可以帮助用户定制自己需要的用户坐标系。

绘图命令

1. UCS 用户坐标系

在命令行输入"UCS"回车或在下拉菜单"工具"中启动"新建 UCS"命令。

子命令：

(1)新建(N)。创建新坐标系。执行该选项后,命令行提示："指定新 UCS 的原点或[Z 轴(ZA),三点(3),对象(OB)/面(F)/视图(V)/X/Y/Z]＜0,0,0＞"。

①原点相对于当前 UCS 的原点指定新原点。通过移动当前 UCS 的原点,X,Y,Z 轴方向不变定义新的 UCS。该选项为默认项。

②Z 轴(ZA)用 Z 轴正半轴定义 UCS。通过选择两点,第一点为原点,第二点确定 Z 轴的正向,XY 平面垂直于新的 Z 轴。

③三点(3)。通过在 3D 立体空间任意指定 3 点,来确定 UCS 的原点及其 X,Y 轴的正方向,Z 轴垂直于 XY 平面。其中第一点定义了坐标系原点,第二点定义了 X 轴正向,第三点定义了 Y 轴正向。

④对象(OB)。根据选定对象定义新的坐标系。但此选项不能用于三维实体、三维多段线、三维网格、视口、多线、面域、样条曲线、椭圆、射线、构造线、引线和多行文字。

⑤面(F)。可以将 UCS 与实体对象的选定面对齐。

⑥视图(V)。以垂直于观察方向(平行于屏幕)的平面为 XY 平面,建立新的坐标系。UCS 原点保持不变。在注释当前视图且要使文字以平面方式显示时,一般选择该项。

⑦X,Y,Z 通过将当前坐标系统 X 轴、Y 轴或 Z 轴旋转一定的角度来建立新的 UCS。在命令行提示中,可以输入正或负的角度以旋转 UCS,旋转的正方向用右手定则确定(用右手握住坐标轴,拇指所指方向与轴的正向一致,则四指弯曲方向代表正旋转方向)。

(2)移动通过平移当前 UCS 的原点,或修改其 Z 轴深度来重新定义 UCS,但保留其 XY 平面的方向不变。修改 Z 轴深度,将使 UCS 相对于当前原点沿自身 Z 轴的正方向或负方向移动。

(3)正交(G)指定 AutoCAD 提供的 6 个正交 UCS 之一。默认情况下,正交 UCS 设置将相对于世界坐标系(WCS)的原点和方向,确定当前 UCS 的方向。这些 UCS 设置通常用于查看和编辑三维模型。执行该选项后,命令行提示:"输入选项[俯视(T)/仰视(B)/主视(F)/后视(BA)/左视(L)/右视(R)]<俯视>:(输入选项或按 H 回车键)"。

要执行 UCS 命令中的正交选项,还可以选择菜单"工具/正交 UCS/预置",或单击 UCS 工具栏中的显示 UCS 对话框按钮,打开"UCS"对话框。在"正交 UCS"选项卡列表中,指定一个正交坐标系,单击置为当前按钮,即可恢复选定的正交坐标系,如图 7.4 所示。

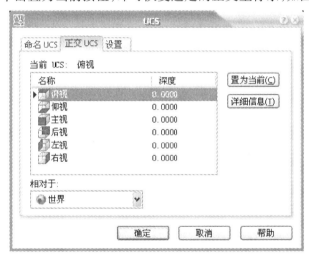

图 7.4 "UCS"对话框

(4)上一个(P)。恢复前一个 UCS。AutoCAD 系统保存最后创建的 10 个用户坐标系,重复"上一个"选项可以按顺序最多恢复当前任务中以前使用过的 10 个用户坐标系。

(5)恢复已保存的 UCS,使它成为当前 UCS。恢复已保存的 UCS 并不重新建立在保存 UCS 时生效的观察方向。

(6)保存(S)。把当前 UCS 按指定名称保存。

(7)删除(D)。从已保存的用户坐标系列表中删除指定的 UCS。

(8)应用(A)。当窗口中包含多个视口时,可以将当前坐标系应用于其他视口。

2. 用户坐标系图标(UCSICON)命令

在命令行输入 UCSICON 回车或在下拉菜单视图中"显示"下启动"UCS"图标。

子命令:

(1)开。显示当前坐标系的图标。

(2)关。不显示当前坐标系的图标。

(3)全部。将对图标的修改应用到所有活动视口。否则,UCSICON 命令只影响当前视口。

(4)非原点。在视口的左下角显示图标。

(5)原点。在当前坐标系的原点(0,0,0)处显示该图标。但当图标所处位置使图标部分超出屏幕界限,则图标仍显示于屏幕左下角。

(6)特性。显示"UCS 图标"对话框,从中可以控制 UCS 图标的样式、可见性和位置等,如图 7.5 所示。

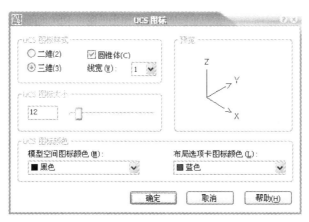

图 7.5 "UCS 图标"对话框

7.2 典型形状绘制

7.2.1 长方体

创建长方体,需要输入长方体的角点或中心,以及长方体的长、宽、高来确定长方体的形状,创建长方体的底面与当前坐标系的 XY 平面平行。

绘图命令

在命令行输入 BOX 或在下拉菜单"绘图"中"实体"下点击"长方体"启动长方体的命令。

子命令:

(1)指定长方体的角点。根据长方体的一角点位置绘制长方体,为默认项。执行该选项后,命令行提示:"指定角点或[立方体(C)/长度(L)]:"。

①指定角点。根据另一角点位置绘制长方体,为默认项。用户响应后,如果该角点与第一个角点的 Z 坐标不一样,AutoCAD 以这两个角点作为长方体的对顶点绘出长方体;如果第二个角点与第一个角点位于同一高度,命令行提示:"指定高度:"(输入长方体的高度值,即可绘出长方体)"[立方体(C)]"绘制立方体。执行该选项,命令行提示:"指定长度:"(输入立方体的边长即可)。

②长度(L)。根据长方体的长、宽、高绘制长方体。

③立方体(C)。绘制立方体使用。

(2)中心点(CE)。根据长方体的中心点位置绘制长方体。

注意:用 BOX 命令绘制的长方体,其各个边分别与当前 UCS 的 X,Y,Z 轴平行。根据长度、宽度和高度绘制长方体时,长、宽、高方向分别与当前 UCS 的 X,Y,Z 轴方向平行。命令行提示输入长度、宽度以及高度时,输入的值可正、可负。值只表示沿相应坐标轴的正方向绘制长方体,反之沿相应坐标轴的负方向绘制长方体。

实例一 绘制长、宽、高分别为 120,100,80 的长方体(图 7.6)。

(1)键盘输入"BOX"(矩形命令)回车。

(2)在屏幕上任意选取一点作为第一点。

(3)在命令行输入"L"启动长度命令。

(4)指定长度:(输入长度值)120   <回车>
   指定宽度:(输入宽度值)100   <回车>
   指定高度:(输入高度值)80   <回车>

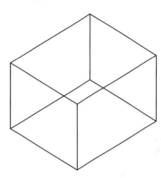

图 7.6 长方体

实例二 绘制长、宽、高分别为 120,100,80 的长方体,使其中心点在已知点(10,20,50)上。

(1)键盘输入"BOX"(矩形命令)或点击实体工具栏中的矩形按钮。

(2)在命令行输入"CE"启动中心点命令后回车。

(3)输入中心点坐标或点击中心点的位置。

(4)在命令行输入"L"启动长度命令。

(5)应用同样的方法依次输入 120,100,80。

实例三 绘制边长 100 的立方体。

(1)键盘输入"BOX"(矩形命令)或点击实体工具栏中的矩形按钮。

(2)在屏幕上任意选取一点作为第一点。

(3)输入"C"确定。

(4)输入边长 100 回车。

7.2.2 球体

创建球体实体,需要输入球体的中心点、半径或直径值。创建的球体的纬线平行于坐标系 XY 平面,中心轴与当前坐标系的 Z 轴平行。

绘图命令

在命令行输入 SPHERE 回车或在下拉菜单"绘图"中"实体"下点击"球体"启动球体命令。

选择上述任一方式,命令行提示如下。

输入球体球心<0,0,0>:

通过指定球心点的位置后提示如下。

指定球体半径或[直径(D)]:

输入半径或直径后绘出球体。

实例四 绘制半径为 100 的球体，效果如图 7.7 所示。

(1) 在命令行输入 ISOLINES = 10。
(2) 在命令行输入 SPHERE。
(3) 指定球体球心：确定球体的球心位置。
(4) 指定球体半径或[直径(D)]：(输入球体的半径或直径)。
(5) 绘制后的效果如图 7.7 所示。

注意：在系统变量 ISOLINES 的值为 4 和 10 时，绘制球体的效果不同，当 ISOLINES = 4 时，效果如图 7.8 所示。

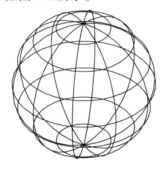
图 7.7　ISOLINES = 10 的效果图

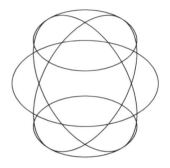
图 7.8　ISOLINES = 4 的效果图

7.2.3　圆柱体

创建圆柱体需要输入底面的数据，如底面是圆的要输入底面圆的圆心、半径或直径和高度；是椭圆柱则要输入椭圆的中心和两轴的长度来确定椭圆，再输入高度确定椭圆柱。

绘图命令

在命令行输入 CYLINDER 回车或在下拉菜单"绘图"中"实体"下点击"圆柱体"启动圆柱体的命令。

子命令：

(1)指定圆柱体的中心点。要求确定圆柱体的中心位置，为默认项。执行命令后提示如下。

指定圆柱体的底面的半径或[直径 D]：(输入直径或半径)

指定圆柱体的高度或[另一个圆心(C)]：

指定圆柱体的高度。此提示要求用户指定圆柱体的高度，即根据高度绘制圆柱体，为默认项，用户响应后，AutoCAD 即可绘制出圆柱体，两个断面与当前的 UCS 的 XY 面平行。

另一个圆心(C)。根据圆柱体的另一个端面的圆心位置，响应后，命令行提示"指定圆柱体的另一个圆心："。指定圆心位置后，便可以绘制出圆柱体，并且两个圆心之间的连线方向就是圆柱体的轴线方向。用此方法可以绘制任意方向的圆柱体。

(2)椭圆(E)绘制椭圆柱体，即界面的轮廓为椭圆。执行后命令提示："指定椭圆柱底面椭圆的轴端点或[中心点(C)]"(要求是椭圆的截面所以其操作过程与椭圆相似)确定椭圆后命令继续。指定圆柱高度[另一个圆心](此项与绘制援助的方法相同)。

实例五 绘制四个不同形状的圆柱体，截面分别是圆和椭圆。运用高度和顶点分别绘制，如图 7.9 所示。

图 7.9(a)绘制方法是运用圆柱体命令，制定底面圆心，半径，高度即可。

图 7.9(b)绘制方法是运用圆柱体命令，制定底面圆心，半径，上平面的圆心。

图 7.9(c)绘制方法是运用圆柱体命令，选择椭圆柱，指定高度。

图 7.9(d)绘制方法是运用圆柱体命令，选择椭圆柱，指定上平面的圆心。

  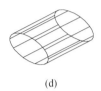

(a)　　　　　　　(b)　　　　　　　(c)　　　　　　　(d)

图 7.9　圆柱体与椭圆圆柱体示例

7.2.4　圆锥体

创建圆锥体与创建圆柱体相似，底面可以是圆也可以是椭圆，底面和定点相对位置决定了圆锥体的高度和方向。

绘图命令

在命令行输入命令 CONE 或在在下拉菜单"绘图"中"实体"下点击"锥体"启动锥体的命令。

选择上述的任意方式，命令行提示："指定锥体底面的中心或[椭圆(E)]"。

子命令：

(1) 指定锥体底面的中心。在圆锥体的底面是圆的情况下使用，为默认项。命令行提示"指定圆锥的底面半径或[直径(D)]"输入值后，提示："指定圆锥体的高度或[顶点(A)]"输入高度情况如图 7.10(a)所示。输入顶点可以随意选点，结果如图 7.10(b)所示。

(2) 椭圆(E)。绘制椭圆形锥体。执行后提示："选择圆锥体底面椭圆的轴端点或[中心点(C)]:"此时绘制圆锥体的底面椭圆，其方法与绘制椭圆相同。确定椭圆的形状后，命令行继续提示："指定圆锥体高度或顶点(A):"确定圆锥体的高度或顶点位置。绘制的椭圆锥体如图 7.10(c)和图 7.10(d)所示。

(a)　　　　　　　(b)　　　　　　　(c)　　　　　　　(d)

图 7.10　圆锥体与椭圆锥体示例

7.2.5 楔体

创建楔形体实体,需要输入楔形体角点或中心点,以及楔形体在 X,Y,Z 方向的长度,创建的楔形体底面平行于当前坐标系的 XY 平面,高可以沿 Z 轴正方向也可以沿反方向。

绘图命令

在命令行输入 WEDGE 或在下拉菜单"绘图"中"实体"下点击"楔体"启动楔体命令。

选择上述任一方式,命令行提示:"指定楔体的第一个角点或[中心点(CE)]:"。

选择默认选项后,执行相应选项绘制楔体,具体操作与绘制长方体相同。

实例六 绘制一个长、宽、高分别为 120,100,80 的楔体,如图 7.11 所示。

(1)新建文件。

(2)打开三维坐标系东南方向。

(3)调用楔体命令,提示如下。

  指定第一点:在屏幕上任点一点 <回车>

  指定焦点[正方形(C) \ 长度(L)] 输入 L <回车>

  指定长度:120 <回车>

  指定宽度:100 <回车>

  指定高度:80 <回车>

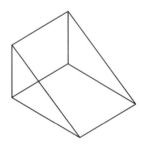

图 7.11 楔形体

7.2.6 圆环体

进行圆环体实体的造型,要输入圆环的中心点,圆环的半径或直径,以及输入圆环管道的半径或直径。

绘图命令

在命令行输入命令 TORUS 或在下拉菜单"绘图"中"实体"下点击"圆环体"启动圆环绘制命令。

实例七 绘制圆环的半径 60,圆管的半径 10(图 7.12)。

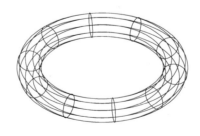

图 7.12

在"实体工具栏"启动圆环命令,提示如下。

  指定圆环体中心 <0,0,0>:任点一点

指定圆环体半径或[直径(D)]:输入半径 60 <回车>
指定圆管半径或[直径(D)]:输入半径 10 <回车>

7.3 拉伸与旋转

除了上述介绍的使用特定命令创建三维实体外,在 AutoCAD 中,还可以通过拉伸二维对象、或者将二维对象绕指定轴旋转的方法创建三维实体。被拉伸或旋转的二维对象可以是平面三维面、封闭多段线、多边形、圆、椭圆、封闭样条曲线、圆环和面域。但不能拉伸包含在块中的对象,也不能拉伸具有相交或自交线段的多段线。

7.3.1 面域

在 AutoCAD 中,用户可以将某些对象围成的封闭区域转换为面域,这些封闭区域可以是圆、椭圆、封闭的二维多段线或封闭的样条曲线等对象,也可以是由圆弧、直线、二维多段线、椭圆弧、样条曲线等对象构成的封闭区域。通过对面域进行并集、交集、差集等布尔运算,也可以创建更为复杂的面域。

绘图命令

在命令行输入 REGION 或在"绘图"工具栏点击面域图标启动面域命令。选择上述任一方式,命令行提示:"选择对象:"(在选择要将其转换为面域的对象后,按回车随即可将该图形转换为面域)

实例一 创建五角星面。
(1) 在二维平面绘制五角星。
(2) 使用修剪命令剪掉轮廓线以内的直线。
(3) 启动面域命令。形成如图 7.13 所示的面域。
注意事项:生成面域的轮廓必须是闭合的线框。

7.3.2 布尔运算命令

布尔运算的对象只包括实体和共面的面域。对于普通的线条图形对象,则无法使用布尔运算。用户可以对面域执行并集、差集和交集三种布尔运算,从而创建复合面域。

图 7.13

绘图命令

1.并集运算命令

在命令行输入 UNION 或在"修改"下拉菜单下的"实体编辑"下点击"并集"启动并集命令。

选择上述任一方式,命令行提示:"选择对象:"(在选择需要进行并集运算的面域后按 Enter 键, 即可对所选择的对象进行并集运算,将其合并为一个图形)。

2.差集运算命令

在命令行输入 SUBTRACT 或在"修改"下拉菜单下的"实体编辑"下点击"差集"启动差

集命令。

选择上述任一方式,命令行提示:"选择对象:"(选择要减去的实体或面域后按 Enter 键或按鼠标的右键,AutoCAD 将从第一次选择的对象中,减去第二次选择的对象)。

3. 交集运算命令

在命令行输入 INTERSECT 或在"修改"下拉菜单下的"实体编辑"下点击"交集"启动交集命令。

选择上述任一方式,命令行提示:"选择对象:"(用户在选择需要进行交集运算的对象后回车,即可将所选面域的公共部分,创建一个新的面域)。

实例二 绘制如图 7.14 的垫片,其中圆的半径为 20,其余半圆和圆角半径为 10,轮廓为边长 100 的正方形。

(1) 建立图层。
(2) 调用长方体的命令绘制边长为 100 的正方形。
(3) 运用对象捕捉绘制半径为 10 的圆。
(4) 在正方形的中心绘制半径为 20 的中心圆。
(5) 调用面域命令,全部选择,命令结束后形成 10 个面。
(6) 使用布尔运算中的差集,用矩形减去其余的 10 个面,形成的图形如图 7.14 所示。

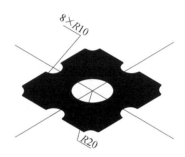

图 7.14 垫片

7.3.3 拉伸

拉伸的功能是将二维封闭对象按指定的高度或路径拉伸成三维实体。

绘图命令

在命令行输入 EXTRUDE 或在"修改"下拉菜单下的"实体"下点击"拉伸"启动拉伸命令。

子命令:

(1)指定拉伸高度。确定拉伸高度,为默认项。如果输入正值,则沿对象所在坐标系的 Z 轴正方向拉伸对象。如果输入负值,则沿对象所在坐标系的 Z 轴负方向拉伸对象。

(2)指定拉伸的倾斜角度<0>。此提示要求确定拉伸的倾斜角度。如果以零角度响应,则 AutoCAD 把二维对象按指定高度拉伸成柱体;如果输入一角度值,拉伸后实体截面沿拉伸方向按此角度变化。正角度表示从基准起、对象逐渐变细拉伸;而负角度则表示从基准起、对象逐渐变粗拉伸,如图 7.15 所示。

(3)路径(P)。选择基于指定曲线对象的拉伸路径。AutoCAD 沿着选定路径拉伸选定对象的轮廓创建实体。

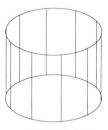

(a) 倾斜角度为零　　　(b) 倾斜角度为正　　　(c) 倾斜角度为负

图 7.15　拉伸角度对实体的影响

实例三　绘制工字钢(图 7.16)。

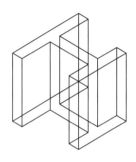
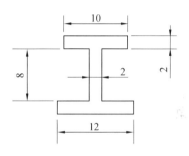

图 7.16　工字钢　　　　　图 7.17　工字钢截面

(1) 新建文件、建立图层。

(2) 在二维平面选用多段线命令绘制"工"字钢的断面轮廓,尺寸如图 7.17 所示(形成闭合的轮廓)。

(3) 对轮廓线执行面域命令,形成面。

(4) 选择实体工具栏中的拉伸命令执行后提示如下。

　　选择对象:选择"工"字面 ＜回车＞

　　指定拉伸高度或[路径(P)]:输入高度 50 ＜回车＞

7.3.4　旋转

旋转的功能是将二维封闭对象绕指定轴旋转生成三维实体。

绘图命令

在命令行输入 REVOLVE 或在下拉菜单"修改/实体"工具栏中点击旋转图标 启动旋转命令。

选择上述任一方式,命令行提示如下。

当前线框密度 ISOLINES－4

选择对象:(选择用于旋转的二维对象)

选择对象:(也可以继续选择对象)

指定旋转轴的起点或定义轴依照[对象(O)/X 轴(X)/Y 轴(Y)]:

子命令:

(1)指定旋转轴的起点。通过确定旋转轴两端点的位置确定旋转轴,为默认项。轴的正方向从第一点指向第二点。指定旋转轴的起点后,命令行提示如下。

指定轴端点:(确定旋转轴的另一端点位置)

指定旋转角度<360>:(输入旋转角度,默认值为360)

(2)对象(O) 绕指定的对象旋转。执行该选项后,命令行提示:"选择对象:"(选择现有的直线或多段线中的单条线段定义轴,轴的正方向从直线的最近端点指向最远端点),确定旋转轴对象后,命令行继续提示:"指定旋转角度<360>:"。

(3)X轴(X)、Y轴(Y)。以当前坐标系的X轴或Y轴正方向作为旋转轴。执行其中某一选项,命令行提示:"指定旋转角度<360>:"。

实例四 滑轮的绘制(图7.18)。

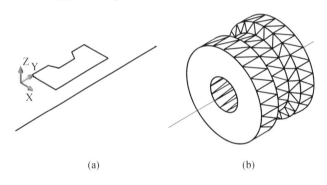

图7.18 通过旋转绘制的滑轮

(1) 新建文件。
(2) 建立图层。
(3) 绘制切面轮廓线条和旋转轴,如图7.18(a)所示。
(4) 对轮廓线的密闭空间进行面域。
(5) 启动旋转命令,绕中心轴线旋转界面,形成图形7.18(b)。

注意:旋转对象必须位于旋转轴的一侧,旋转轴不能垂直于旋转对象所在平面。

7.4 消隐、着色与渲染

创建三维实体后,为了进一步获得逼真的模型图像,用户可以对实体对象进行着色和渲染处理,增加色泽感。本节将介绍三维图形的消隐、着色和渲染功能。

7.4.1 消隐

消隐处理是在屏幕上消除三维模型的隐藏线,使图形更加清晰,但不能编辑消隐后的视图。

绘图命令

在命令行输入HIDE回车或在下拉菜单"视图/渲染"工具栏点击"消隐"。

选择上述任一方式，AutoCAD 重新生成三维模型，此时的模型不显示隐藏线。实体消隐前后的效果，如图 7.19 所示。

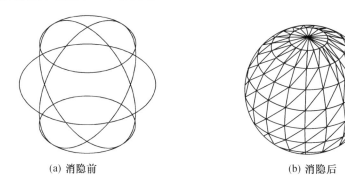

(a) 消隐前　　　　　　　　　　(b) 消隐后

图 7.19 三维实体消隐前后

7.4.2 着色

着色是对三维对象进行色彩和阴影处理，以生成更加逼真的图像，着色工具栏如图 7.20 所示。

图 7.20 着色工具栏

绘图命令

在命令行输入 SHADEMODE 回车或在下拉菜单"视图"中选择"着色"。

子命令：

(1)二维线框(2D)。显示用直线和曲线表示边界的对象。将三维图形用表示图形边界的直线和曲线形式显示，线型和线宽都是可见的。

(2)三维线框(3D)。显示对象时使用直线和曲线表示边界。这时 UCS 为一个着色的三维坐标，线型和线宽都不可见。此时，将显示应用到对象的材质颜色。

(3)消隐(H)。显示用三维线框表示的对象，并隐藏表示后面的线。

(4)平面着色(F)。在多边形面之间着色的对象。此对象比体着色的对象平淡、粗糙。当对象进行平面着色时，将显示应用到对象的材质。

(5)体着色(G)。着色多边形平面间的对象，并使对象的边平滑化。着色后的对象外观较平滑和真实。

(6)带边框平面着色(L)。结合"平面着色"和"三维线框"的显示效果。被平面着色的对象将始终带边框显示。

(7)带边框体着色(O)。结合"体着色"和"三维线框"的显示效果。被体着色的对象将始终带线框显示。

7.4.3 渲染

AutoCAD 运用几何图形、光源和材质,将模型渲染为具有真实感的图像。渲染可使三维对象表面显示出明暗色彩和光照效果,用户可以对渲染进行各种设置,如设置光源、场景、材料、背景等。

1.设置材质

利用 AutoCAD 的材质处理功能,用户可以将材质附着到三维对象上,以使渲染的对象具有材质效果。

绘图命令

在命令行输入 RMAT 或在下拉菜单"视图/渲染"工具栏中选择"材质"。

选择上述任一方式,弹出"材质"对话框,如图 7.21 所示。

图 7.21 "材质"对话框

子命令:

(1)单击对话框中的材质库按钮,打开"材质库"话框,如图 7.22 所示。

(2)在"材质库列表"中选择需要使用的材质,单击"预览"按钮,预览所选的材质。选定后单击输入按钮,将其添加到"当前图形"列表中。

(3)为对象指定材质。

①在"材质库"对话框中为当前图形选择材质后,单击确定按钮,返回"材质"对话框。这些材质将显示在"材质"对话框的"材质"列表中。

②从"材质"列表中选择一种材质,然后单击附着按钮,系统将提示用户选择要赋予材质的对象,选择对象后返回"材质"对话框,单击确定按钮。如果没有附着材质,则使用全局(* GLOBAL *)材质作为附着材质 。

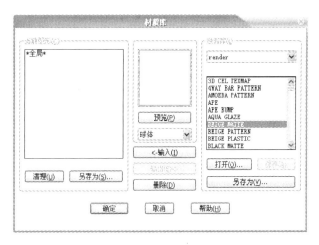

图 7.22 "材质库"话框

(4)修改材质。使用"材质"对话框中的复制和修改功能,可以复制和修改材质。在"材质"对话框的"材质"列表中选择一种材质后,单击修改按钮,可打开"修改标准材质"对话框,如图 7.23 所示。在该对话框的"属性"选项区域中,选择要修改的材质属性,在"值"文本框中可以修改属性值,在"颜色"选项区域中,可以修改属性颜色。通过相关参数的修改,可改变原有材质的颜色、透明度等。

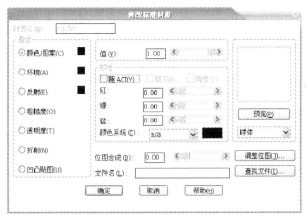

图 7.23 "修改标准材质"对话框

2.设置光源

为图形加入光源是改善模型外观最简单的方法。可以添加环境光、平行光、点光源和聚光灯,并可以为每个光源设置颜色、位置和方向。光源的设置直接影响渲染效果。如果在渲染时没有设置光源,AutoCAD 将使用默认光源。

绘图命令

在命令行输入 RIGHT 回车或在下拉菜单"视图/渲染"工具栏中选择"光源",启动后弹出"光源"对话框,如图 7.24 所示。

在"光源"对话框中,位于新建按钮右边的下拉列表框中有点光源、平行光和聚光灯三个选项,分别用来创建点光源、平行光和聚光灯。并可以对选中的光源进行位置强度颜

图 7.24 "光源"对话框

色的设置,设置后按确定键结束设置。

7.5 其他典型三维命令

创建实体模型后,可以通过圆角、倒角、剖切等操作,修改模型的外观。也可以编辑实体模型的面、边或体等。用户还可以使用三维编辑命令,在三维空间中复制、镜像及旋转三维对象。三维操作与二维图形的编辑一样,用户也可以编辑三维图形,且二维图形编辑中的许多命令(如移动、复制、删除等)都适用于三维图形。这里主要介绍除二维图形编辑命令之外,专门用于三维图形编辑的命令及其操作。

7.5.1 三维阵列

绘图命令

1. 三维阵列

在命令行输入 3DARRAY 或在下拉菜单"修改/三维操作"下启动"三维阵列"命令。选择上述任一方式,命令行提示,按提示进行会话。

子命令:

(1)矩形阵列。在行(X 轴)、列(Y 轴)和层(Z 轴)矩形阵列中复制对象。一个阵列必须具有至少两个行、列或层。在"输入阵列类型[矩形(R)/环形(P)]:"提示下执行"矩形(R)"选项,即进行矩形阵列。按提示依次操作后,AutoCAD 将所选对象按指定的行、列、层实现阵列。

(2)环形阵列。绕旋转轴复制对象。在提示下,执行"环形(P)"选项,即进行环形阵列,命令行提示如下。

输入阵列中的项目数目(输入阵列的项目个数)

指定要填充的角度(+ 逆时针, - 顺时针)<360 >:(输入环形阵列的填充角度)

旋转阵列对象?[是(Y)/否(N)]<是>:

最后一行提示要求用户确定在阵列对象时是否使对象发生对应的旋转。响应该提示后,命令行提示如下。

指定阵列的中心点:(确定阵列的中心点位置)

指定旋转轴上的第二点:(确定阵列旋转轴上的另一点)

按提示执行操作后,AutoCAD 将所选对象按指定要求进行阵列。

实例一 将边长为 100×100,高为 50 的长方体,以行间距 100、列间距 100、层间距 100 进行矩形三维阵列,结果如图 7.25 所示。

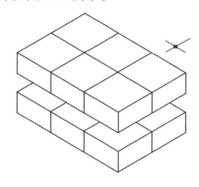

图 7.25 三维矩形阵列效果

(1) 绘制长方体。

(2) 进行三维阵列。

命令:_3DARRAY

选择对象:找到 1 个

选择对象:

输入阵列类型 [矩形(R)/环形(P)] <矩形>:r

输入行数 (---) <1>:3

输入列数 (|||) <1>:2

输入层数 (...) <1>:2

指定行间距 (---):100

指定列间距 (|||):100

指定层间距 (...):100

注意:在矩形阵列中,行、列、层分别沿当前 UCS 图中三维阵列中的矩形阵列的 X,Y,Z 轴方向阵列。当命令行提示输入沿某方向的间距值时,可以输入正值,也可以输入负值。输入正值,将沿相应坐标轴的正方向阵列;否则,沿负方向阵列。

实例二 试用"三维阵列"命令中的环行阵列法,将图 7.26(a)中的圆柱,均匀分布到四周,完成如图 7.26(b)所示。

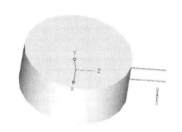 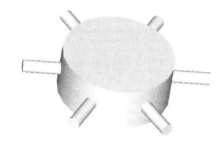

(a)阵列前　　　　　　　　　　　　　(b)阵列后

图 7.26　三维环形阵列效果图

(1)选择"修改/三维操作/三维阵列"命令,选择阵列对象为细小的圆柱。

(2)在"输入阵列类型[矩形(R)/环形(P)]<矩形>:"提示下输入 P,选择环形阵列复制方式。

(3)在"输入阵列中的项目数目:"提示下,输入阵列的项目个数为 6。

(4)在"指定要填充的角度(+逆时针,-顺时针)<360>:"提示下,按回车确认。

(5)在"旋转阵列对象?[是(Y)/否(N)]<是>:"回车。

(6)在"指定阵列的中心点:"和"指定旋转轴上的第二点:"提示下,分别捕捉圆柱两端的圆心,以它们的连线为轴,旋转复制。

(7)选择"修改/实体编辑/并集"命令,对所有对象求并集。

7.5.2　三维镜像

绘图命令

在命令行输入 MIRROR3D 或在下拉菜单"修改/三维操作"中启动"三维镜像"命令。

子命令:

(1)三点(3)。通过三个点定义镜像平面。如果通过指定一点选择此选项,命令行将不再显示"在镜像平面上指定第一点:"的提示。

(2)对象(O)。使用选定对象所在平面作为镜像平面。执行该选项后,命令行提示:"选择圆、圆弧或二维多段线线段",根据具体问题进行选择。

(3)最近的(L)。相对于最后定义的镜像平面,对选定的对象进行镜像处理。

(4)Z 轴(Z)。根据平面上的一个点和平面法线上的一个点定义镜像平面。

(5)视图(V)。用与当前视图平面平行的平面作为镜像平面。

(6)XY 面(XY)、YZ 平面(YZ)、ZX 平面(ZX)。这三项分别表示将与当前 UCS 的 XY,YZ,ZX 平面平行的平面,作为镜像平面。

实例三　试用三维镜像命令,根据图 7.27(a),完成图 7.27(b)的图形。

(1)选择"修改/三维操作/三维镜像"命令,在"选择对象:"提示下,选择图 7.27(a)中的对象。

(2)在"指定镜像平面的第一个点(三点)或[对象(O)/最近的(L)/Z 轴(z)/视图(V)/XY 平面(XY)/YZ 平面(YZ)/ZX 平面(ZX)/三点(3)]<三点>:"提示下,输入 YZ。

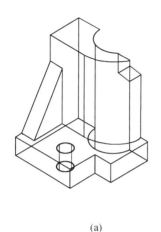 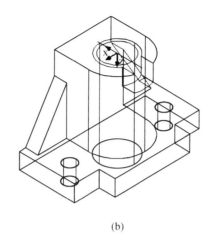

(a)　　　　　　　　　　　　(b)

图 7.27　三维镜像

(3)在"指定 YZ 平面上的点<0,0,0>:"提示下捕捉大圆柱的圆心,以过该点且与 YZ 平面平行的平面(即左右对称平面)作为镜像平面。

(4)在"是否删除源对象?[是(Y)/否(N)]<否>"选择不删除源对象。

(5)选择"修改/实体编辑/并集"命令,对实体做并集运算,然后选择"视图/消隐"命令,对图形作消隐处理,即可得到图 7.27(b)所示效果图。

7.5.3　三维旋转

绘图命令

在命令行输入 ROTATE3D 或在下拉菜单"修改/三维操作"中启动"三维旋转"命令,运行后会绕指定的空间旋转对象。

子命令:

(1)对象(O)。用指定的对象作为旋转轴。

在该提示下选择相应对象即可。如果选择的是直线,该直线成为旋转轴。如果选择的是圆或圆弧,旋转轴将与圆的三维轴对齐(垂直于圆所在的平面,并通过圆心)。如果选择的是二维多段线,多段线为直线段时,该多段线将成为旋转轴;当多段线为圆弧时,它的三维轴线则成为旋转轴。

(2)最近的(L)。使用上一个旋转轴进行旋转。

(3)视图(V)。绕与当前视图平面垂直的轴进行旋转。

(4)X 轴(X)、Y 轴(Y)、Z 轴(Z)分别绕与当前 UCS 的 X,Y,Z 轴正方向平行的轴旋转。

(5)两点(2)。绕由指定两点确定的旋转轴进行旋转,与默认项的操作过程相同。

实例四　将图 7.28(a)中的对象绕当前 UCS 的 Z 轴旋转 25°,得到图 7.28(b)所示的图形。

(1)选择"修改/三维操作/三维旋转"命令,在"选择对象:"提示下,选择图 7.28(a)中的对象。

(2)在"指定旋转轴第一点和旋转轴[对象(O)/视图(V)/X 轴(X)/Y 轴(Y)/Z 轴(Z)/

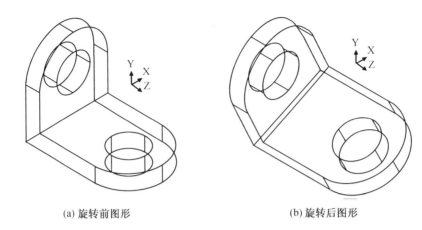

(a) 旋转前图形　　　　　　　　(b) 旋转后图形

图 7.28　旋转前后效果图

二点(2)]:"提示下,输入 Z。

(3)在"指定 Z 上的点<0,0,0>:"提示下在各面的交点上点一点。

(4)在"旋转角度:"提示下输入 25,即可得到图 7.28(b)所示效果图。

7.5.4　三维实体圆角和倒角

在 AutoCAD 中,用户除了可以对三维对象执行旋转、镜像、阵列等编辑操作外,还可以为选定对象抛圆或圆角,或为实体的相邻面加倒角。

绘图命令

1.三维实体的圆角

在命令行输入 FILLET 或在"修改"工具栏点击圆角图标可以启动命令。

子命令:

(1)选择边。选择要修圆角的边。在此提示下,可以连续选择所需的单个边,直到按 Enter 键为止,AutoCAD 将对它们修出圆角。

(2) 链(C)。选择连续相切的边。

①边链。如果要修圆角的多条边彼此首尾相切,此时选择其中的一条,其余边均被选中。

②边(E)。切换到单边选择模式。

③半径(R)。定义圆角半径。

(3) 半径(R)。重设圆角的半径。

2.三维实体的倒角

在命令行输入 CHAMFER 或在"修改"工具栏点击倒角图标启动命令。

子命令:

(1)选择边。对基面上的指定边倒角,为默认项。可以指定多条边,直到按 Enter 键为止。

(2)环(L)。对基面上的各边均倒角。

实例五 长方体三维图形倒角(图 7.29)。

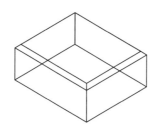

图 7.29 倒角后效果图

(1)新建文件。
(2)绘制长 120、宽 100、高 50 的长方体。
(3)选择绘图工具栏中的倒角命令。
选择第一条直线或［放弃(U)/多段线(P)/距离(D)/角度(A)/修剪(T)/方式(E)/多个(M)］:选择上平面。
输入曲面选择选项［下一个(N)/当前(OK)］<当前>:点击上平面
输入曲面选择选项［下一个(N)/当前(OK)］<当前>:
指定基面的倒角距离:5
指定其他曲面的倒角距离 <5.0000>:
选择边或［环(L)］:
确定后效果如图 7.29 所示。

实例六 长方体三维图形圆角(图 7.30)。

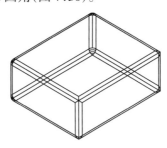

图 7.30 圆角后效果图

(1)绘制长 120、宽 100、高 50 的长方体
(2)圆角命令 fillet。
选择第一个对象或［放弃(U)/多段线(P)/半径(R)/修剪(T)/多个(M)］:输入圆角半径:5
选择边或［链(C)/半径(R)］:依次选择 12 个边后确定
已选定 12 个边用于圆角。

7.5.5 剖切和切割三维实体

使用剖切命令,可以用平面剖切实体并移去指定部分,从而创建新的实体。使用切割

命令,可以得到实体的截面面域。

绘图命令
1.剖切实体
在命令行输入 SLICE 或在下拉菜单"绘图/实体"中点击"剖切"启动剖切命令。
子命令:
(1)三点(3)。用三点定义剖切平面。
(2)在要保留的一侧指定点或[保留两侧(B)]。
在要保留的一侧指定点。定义一点,从而确定图形将保留剖切实体的哪一侧。
保留两侧(B)。剖切实体的两侧均保留,把单个实体剖切为两部分。
(3)对象(O)。将指定对象所在的平面作为剖切面。
(4)Z 轴(Z)。通过平面上指定一点,在平面的 Z 轴(法线)上指定另一点来定义剖切平面。
(5)视图(V)。将剖切平面与当前视图平面对齐。指定一点可定义剖切平面的位置。
(6)XY 平面(XY)/YZ 平面(YZ)/ZX 平面(ZX)。将剖切平面与当前 UCS 的 XY 平面、YZ 平面或 ZX 平面对齐。指定一点,可定义剖切平面的位置。

2.切割实体
在命令行输入 SECTION 或在下拉菜单"绘图/实体"中点击"切割"启动切割命令。
子命令:
各选项含义参见"剖切"命令中的选项说明。"截面"命令与"剖切"命令的区别是,前者以某一平面切割实体,得到实体的截面面域,生成截面的操作对原来的实体没有任何影响;后者则以截平面将切割实体截切成两部分,并不生成截面。

实例七 将实体 7.31(a)剖分成图 7.31(b)。

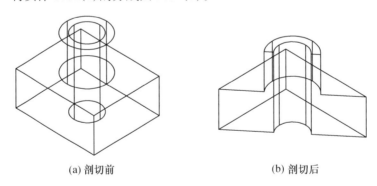

(a) 剖切前   (b) 剖切后

图 7.31 实体剖切效果图

命令:_SLICE
选择对象:选择图形 7.31(a)。
指定切面上的第一个点,依照 [对象(O)/Z 轴(Z)/视图(V)/XY 平面(XY)/YZ 平面(YZ)/ZX 平面(ZX)/三点(3)] <三点>:指定上面圆心
指定平面上的第二个点:指定下面圆心
指定平面上的第三个点:指定长方体的角点

在要保留的一侧指定点或［保留两侧(B)］：指定保留部分的一点
显示的图像如图 7.31(b)所示。

7.6 绘制减速器基本部件

7.6.1 平键与花键立体图

绘制思路：由二维图形生成三维实体，平键的绘制通过二位线框面域后通过拉伸和倒角绘制而成。花键由二维实体旋转而成。

1.绘制前的准备工作

(1)新建文件。

(2)在二维下建立绘图环境包括建立图层。

(3)在视图工具栏打开自定义对话框，调出常用的工具标准、图层、对象特性等，在绘图工具栏调出二维工具栏绘图和修改命令放置在窗口的左侧，调出实体、视图等。

2.绘制平键(图 7.32)

(1)在二维坐标系下绘制矩形宽 20、长 80。

(2)再分别以边长 20 为直径运用两点法画圆。

(3)运用剪切命令剪掉直径和内部半圆。

(4)运用面域命令生成平面。

(5)将视图转换成三维视图东南方向。

(6)拉伸平面，拉伸高度 10。

(7)对上平面进行倒直角。

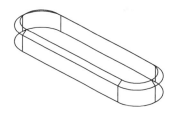

图 7.32 平键

3.绘制花键 (图 7.33)

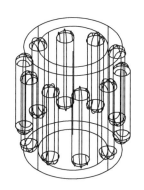

图 7.33 花键效果图

(1)新建文件。

(2)绘制辅助线。选择菜单绘图工具栏下的构造线命令，绘制辅助线。两条线垂直相交，如图 7.34 所示。

(3)绘制偏移直线。使用偏移命令，将水平构造线上线偏移 50 mm 和 70 mm；竖直的直线向右偏移 30 mm 和 40 mm，结果如图 7.35 所示。

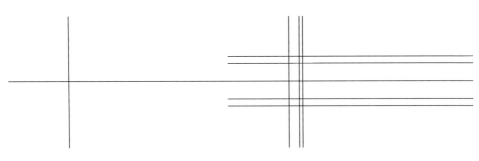

图 7.34 花键中心线　　　　　　图 7.35 花键定位线

(4)修剪图形。

(5)绘制半径为 7 mm 的圆,如图 7.36 所示。

(6)绘制公切线,并使用修剪命令,执行后如图 7.37 所示。

图 7.36 花键键的绘制　　　　　　图 7.37 花键轮廓

(7)选中图形执行面域命令。创建两个面域,并将二维界面转换为三维界面。

(8)旋转命令。首先旋转键,围绕上下两个圆心成的圆周旋转机构如图 7.38 所示;然后旋转矩形面效果如图 7.39 所示。

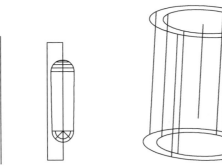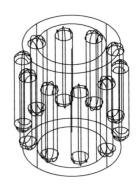

图 7.38 形成一个键　　　图 7.39 旋转矩形面效果　　　图 7.40 阵列后效果图

(9)实体阵列命令。在修改菜单下选择实体阵列命令,阵列对象小圆柱键,个数10个。完成命令后阵列结果如图7.40所示。

(10)着色、渲染,花键效果如图7.41所示。

图7.41 花键效果图

7.6.2 传动轴的立体图

绘制传动轴

绘制思路:传动轴的立体图有两种方法,一是使用旋转实体面生成;二是使用实体圆柱命令直接绘制而成,如图7.42所示。

方法一

(1)建立新文件。

(2)建立图层,调出绘制立体图形所需的绘图工具和编辑工具。

(3)绘制中心线。调用构造线命令,绘制中心线和与中心线垂直的一条构造线。

(4)调用偏移命令。将铅垂线依次向右偏移16 mm,12 mm,80 mm,30 mm,80 mm和60 mm;将水平中心线向上偏移22.5 mm,25 mm,27.5 mm,29 mm和33 mm偏移后图形如图7.43所示。

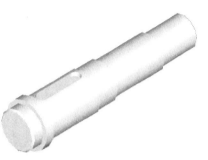

图7.42 传动轴效果图

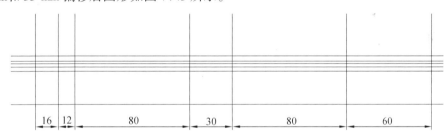

图7.43 传动轴定位线绘制

(5)修剪纵向直线和横向直线,执行命令后效果如图7.44所示。

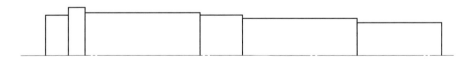

图7.44 轮廓图

(6)用多段线描外轮廓,并形成面域如图7.45所示。

(7)将二维坐标转换为三维坐标系。

(8)旋转命令。将形成的面以中心线为旋转轴进行旋转,旋转结果如图7.46所示。

图 7.45　面域后图形

(9)端面倒直角。倒角距离 2 mm,绘制结果如图 7.47 所示。

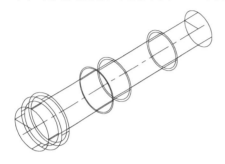

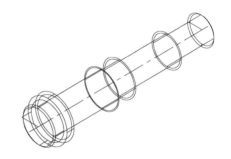

图 7.46　旋转后图形　　　　　　　图 7.47　端面倒角后图形

方法二

(1)绘制实体圆柱底面半径为 27.5 mm、高 16 mm。

(2)重复圆柱命令,使绘制圆柱的底面位于前一个圆柱的上面,并在同一中心线上;按此模式依次绘制半径分别为 33 mm,29 mm,27.5 mm,25 mm,22.5 mm;高分别为 12 mm,80 mm,30 mm,80 mm,60 mm 的圆柱,结果如图 7.48 所示。

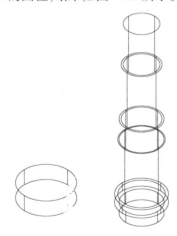

图 7.48　实体连接后效果图

(3)实体编辑命令,布尔运算求并集。

(4)绘制倒角,同方法一。

绘制键槽

绘制思路:在轴的实体上绘制平键,运用布尔运算求差集。

(1)切换视图。将当前东南方向的视图切换成三维视图的俯视图。

(2)作辅助线如图 7.49 所示。

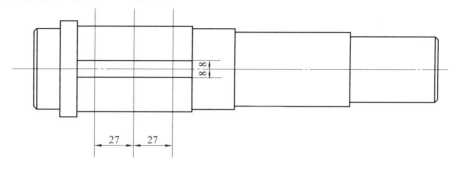

图 7.49 键的辅助线

(3)绘制辅助圆,半径为 8,如图 7.50 所示。

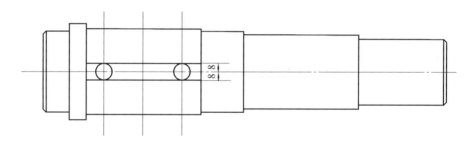

图 7.50 绘制两端轮廓

(4)修剪命令。修剪出键的轮廓线,如图 7.51 所示。

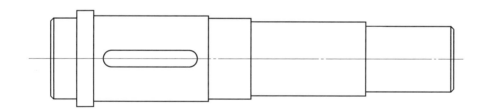

图 7.51 绘制平键

(5)拉伸实体高度 10,如图 7.52 所示(现在形成的键立方体在圆柱内)。

(6)将坐标移动到生成键的一侧圆心位置,然后使用移动命令,将键向 Z 轴方向移动 23 mm 即在移动第二点输入坐标(0,0,23),结果如图 7.53 所示。

(7)使用布尔运算差集,可以将轴上的键槽绘制出来。

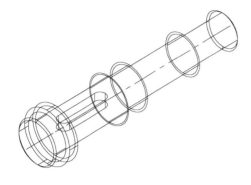
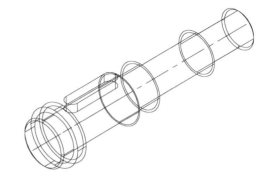

图 7.52 拉伸后结果　　　　　　　　图 7.53 移动后结果

7.6.3 轴承座的立体图

绘制思路:绘制轴承支座图(图7.54)分为三个过程,首先运用长方体和圆柱体绘制出轮廓,然后利用"布尔运算"、"倒圆角"命令细化轴承支座,最后运用圆柱体命令和布尔运算绘制注油孔和安装空。

(1)新建图层,立体坐标东南等轴测方向。

(2)运用长方体命令绘制支座底板:其中长方体的长、宽、高分别是 200,60,30。

图 7.54 轴承座效果图

(3)绘制支座立板:在东南方向,正交的条件下,先作辅助构造线,通过长方体的长边中点和短边中点(图 7.55);选择偏移命令将于长方体短边平行的构造线向两侧偏移30 mm,将于长边平行的构造线向两侧偏移 70 mm。

(4)调用长方体命令,以偏移后形成的长方形为底边,绘制高 80 mm 的长方体,结果如图 7.56 所示。

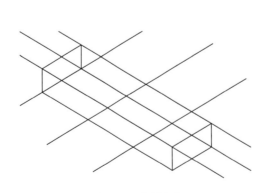
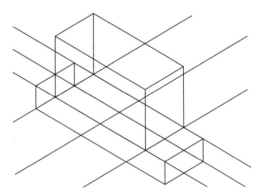

图 7.55 绘制底座　　　　　　　　图 7.56 绘制轴承座

(5)调用圆柱体命令绘制轴承孔。圆柱体的半径为 70 mm,高度为 30 mm 底面中心位于长 140 mm 的中点,绘制完成后如图 7.57 所示。

(6)运用布尔运算求并集。

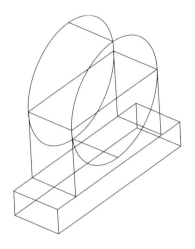

图 7.57 绘制轴承孔外圆柱

(7)绘制轴承孔,绘制半径分别为 45 mm,65 mm,65 mm 的圆柱体,然后进行布尔运算,结果如图 7.58 所示。

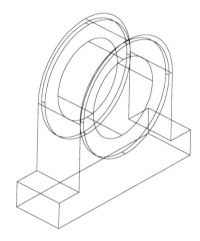

图 7.58 绘制轴承孔

(8)支座直角边倒圆角,半径为 5 mm。

(9)绘制注油孔,移动坐标到等半径圆心连线中点位置,调用圆柱体命令绘制圆柱,一个半径为 8 mm、长度为 75 mm,另一个半径为 5 mm、长度为 90 mm。运用布尔运算进行处理。

(10)绘制安装孔。作辅助线,取支座底板宽度 60 mm 的中点绘制构造线,确定安装孔的位置,安装距离底板纵向中心线 20 mm。绘制圆柱两个,尺寸分别是半径 10 mm、高度 5 mm 和半径 8 mm、高度 50 mm。

(11)进行复制和镜像。

(12)布尔运算绘制完成,如图 7.59 所示。

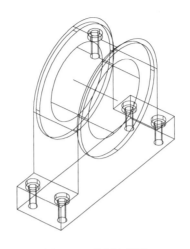

图 7.59　绘制安装孔

7.6.4　齿轮的立体图

大齿轮立体图,如图 7.60 所示。

绘图思路:首先在二维平面,绘制齿轮的二维剖切面轮廓线,进行面域后旋转形成齿轮的肌体;然后绘制渐开线齿轮的二维轮廓线,面域拉伸形成齿轮的齿,然后调用圆柱体和长方体的命令,用布尔运算形成花键和轴孔,最后进行渲染。

1.绘制齿轮

(1) 建立新文件。

(2) 配置绘图环境,打开实体编辑、修改、视图、实体工具栏。

(3) 在二维平面绘制齿轮集体切面和旋转轴,形状尺寸如图 7.61 所示。

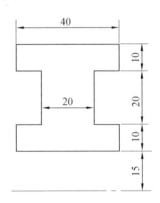

图 7.60　齿轮效果图　　　　图 7.61

(4) 对形成的"工"字形轮廓面域形成面。

(5) 经二维坐标系转换为三维坐标系东南方向。

(6) 调用"实体"工具栏中的旋转命令,选择"工"形面为旋转对象,以中心轴线为旋转中心,进行旋转的图形如图 7.62 所示。

(7)对实体进行倒圆角和直角,如图 7.63、图 7.64 所示。

图 7.62　　　　　　　　图 7.63　　　　　　　　图 7.64

注意:倒直角的过程中基准面要选择在曲面上,不能选择齿轮源换面的断面,否则将倒角失败。

2.绘制齿轮轮齿

(1)切换视角。选择俯视图。

(2)创建新的图层。用来绘制轮齿。

(3)隐藏图层。将绘制好的齿轮基体隐藏

(4)绘制齿轮齿剖面,拉伸、三维阵列,结果如图 7.65 所示。

注意:在绘制齿时,要将原来的基体图形旋转,先绘制界面,后运用拉伸和三维阵列实现。

齿轮的齿顶高为 10、齿宽为 5、阵列个数 30 个

(5)显示隐藏图层。

(6)绘制键槽。绘制长方体后运用布尔运算进行绘制,结果如图 7.66 所示。

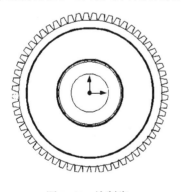
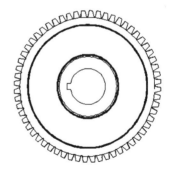

图 7.65　绘制齿　　　　　　　　图 7.66　绘制内键槽

(7)绘制齿轮减轻孔。绘制圆柱体,圆柱体的直径 5,长度自定;然后阵列,阵列后运用布尔运算完成减轻孔的设计,如图 7.67 所示。

(8)渲染齿轮。

(a) 在孔的位置绘制圆柱　　　　　(b) 运用布尔运算形成孔

图 7.67　绘制减轻孔

7.6.5　箱体的立体图

绘图思路:将箱体(图7.68)分成多个实体的组合,把各个实体按照其所在的位置一次的绘制出,通过布尔运算完成组合分割,从而达到绘制箱体的目的。运用的命令主要包括长方体、圆柱体、布尔运算和剪切以及三维的阵列和镜像。

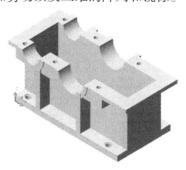

图 7.68

(1) 新建文件。

(2) 设置绘图环境,打开工具栏。主要设置图层、三维视图绘制所使用的工具栏及修改工具栏。

(3) 绘制中心线。运用偏移命令绘制长方体的界限位置。

(4) 绘制底板中间膛体和顶面。运用长方体命令绘制三个长方体,它们的中心位于一点。地板的长方体为长370、宽192、高20;膛体的长方体为长370、宽122、高138;顶面的长方体为长424、宽186、高12,完成后结果如图7.69所示。

(5) 绘制轴承座。确定圆柱体中心的位置,位置如图7.70所示。使用圆柱体命令经过确定的圆心位置绘制圆柱体,半径分别为46,57,长度为168,绘制结果如图7.71所示。

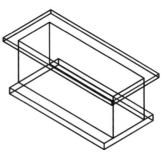

图 7.69　箱体轮廓图

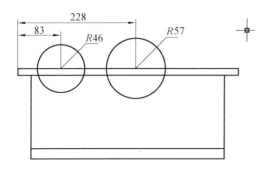
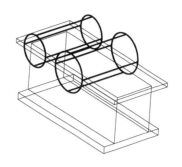

图 7.70　轴承座孔尺寸及位置　　　　　图 7.71　绘制轴承座孔

(6) 绘制螺栓筋板。使用长方体命令。

命令：_BOX

指定长方体的角点或[中心点(CE)]<0,0,0>：图 7.72 位置

指定角点或[立方体(C)/长度(L)]：L

指定长度：310

指定宽度：186

指定高度：-40

绘图后结果显示如图 7.73 所示。

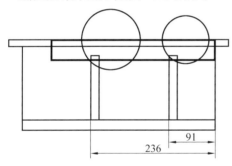
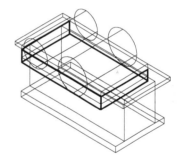

图 7.72　绘制轴承旁联接凸台　　　　　图 7.73　螺栓筋板

绘制筋板：使用长方体命令绘制两长方体的筋板，长方体的起点与底座外框重合，绘制后显示结果如图 7.74 所示。

命令：_BOX

指定长方体的角点或[中心点(CE)]<0,0,0>：

指定角点或[立方体(C)/长度(L)]：L

指定长度：16

指定宽度：192

指定高度：120

命令：_BOX

指定长方体的角点或[中心点(CE)]<0,0,0>：＊取消＊

命令：_BOX

指定长方体的角点或[中心点(CE)] <0,0,0>: 220
指定角点或[立方体(C)/长度(L)]: L
指定长度: 16
指定宽度: 192
指定高度: 120

(7)布尔运算。对所绘制的图形进行布尔运算并集,显示结果如图7.75所示。

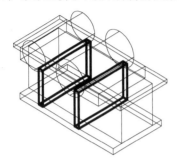 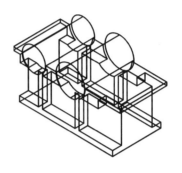

图7.74 绘制筋板　　　　　　　　图7.75 布尔运算后图形

(8)绘制腔体长方形,同时进行布尔运算。

命令:_BOX

指定长方体的角点或[中心点(CE)] <0,0,0>:(绘制辅助线;距离壳体外壁8,距离地面7)

指定角点或[立方体(C)/长度(L)]: L
指定长度: 245
指定宽度: 106
指定高度: 200

显示结果如图7.76所示。

(9)绘制轴承通孔并进行差集运算形成轴承孔,显示如图7.77所示。

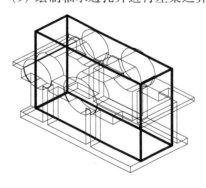 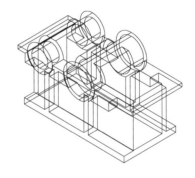

图7.76 绘制腔体长方体　　　　　　图7.77 运算后图形

以原轴承孔的圆柱体底面为圆心分别绘制孔圆柱体,
原半径为46圆柱体内绘制半径为30的圆柱体。

原半径为 57 圆柱体内绘制半径为 45 的圆柱体。

（10）剖切实体。运用实体工具栏中的剖切命令，以上平面为分解面进行剖分，剖分后显示如图 7.78 所示。

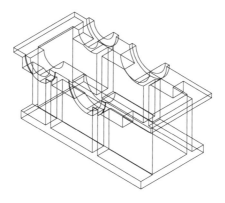

图 7.78　剖切后的实体

（11）绘制箱体的螺纹孔。运用圆柱体的命令绘制圆柱进行求差。

在箱体孔位置绘制圆柱体，如图 7.79 所示。

运用差集命令显示如图 7.80 所示。

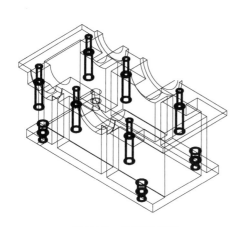 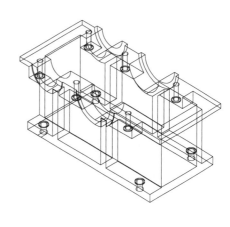

图 7.79　绘制圆柱体　　　　　　图 7.80　进行布尔运算后显示

第 8 章 打印与出图

本章主要讲授 AutoCAD 2006 中,在打印与出图时,如何设置打印参数,主要包括打印样式、图纸大小、打印方向等参数的设定。

8.1 设置打印参数

完成一幅作品的制作后,即可将其打印输到图纸上。在 AutoCAD 中打印图形需要用户设定相应的参数,如选择打印设备、设定打印样式等。这些打印参数都可通过选择"文件/打印"菜单命令,在打开的"打印"对话框中进行设定,如图 8.1 所示。

图 8.1 "打印－模型"对话框

1. 选择打印设备

在图 8.1 所示"打印－模型"对话框的"打印机/绘图仪"栏中即可选择打印设备,如图 8.2 所示。

但要选择打印设备,首先要求用户的计算机已经与打印设备相连,而且在计算机中已安装好了打印机驱动程序,否则,在"打印机配置"栏的"名称"下拉列表框就无法选择相应的打印设备。

可在该栏中单击特性按钮,在打开的对话框中设定打印机的输出设置,如打印介质、

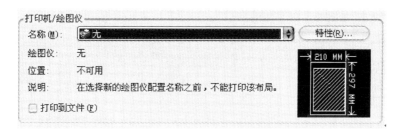

图 8.2 "打印机/绘图仪"栏

图形、自定义图纸尺寸等。

2．设定图纸尺寸及打印份数

在图 8.1 所示"打印 – 模型"中可设定图纸幅面及打印份数。在"图纸尺寸"下拉列表框中选择所需的图纸大小，如 A4，B5 等，显示所选打印设备可用的标准图纸尺寸。如果未选择绘图仪，将显示全部标准图纸尺寸的列表以供选择。

如果所选绘图仪不支持布局中选定的图纸尺寸，将显示警告，用户可以选择绘图仪的默认图纸尺寸或自定义图纸尺寸。

在"打印份数"下拉列表框中选择所需的图纸份数。

3．设定打印区域

在图 8.1 所示对话框的"打印区域"栏中即可设定图形的打印区域，如图 8.3 所示。

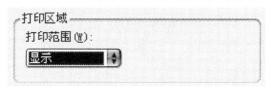

图 8.3 "打印区域"栏

其中，有如下几种打印区域，其含义如下。

窗口：选中该单选项，打印指定的图形部分。如果选择窗口，窗口按钮将称为可用按钮。单击窗口按钮以使用定点设备指定要打印区域的两个角点，或输入坐标值。

图形界限：选中该单选项，将打印图形中设定的图形界限内的所有对象。

显示：选中该单选项，打印选定的"模型"选项卡当前视口中的视图或布局中的当前图纸空间视图。

4．设定打印比例

控制图形单位与打印单位之间的相对尺寸。打印布局时，默认缩放比例设置为 1：1。从"模型"选项卡打印时，默认设置为布满图纸。

布满图纸：缩放打印图形以布满所选图纸尺寸，并在"比例"、"英寸"和"单位"框中显示自定义的缩放比例因子。

比例：定义打印的精确比例。"自定义"可定义用户定义的比例。可以通过输入与图形单位数等价的英寸(或毫米)数来创建自定义比例。

5．调整图形打印方向

在图 8.1 所示对话框的"图形方向"栏即可设定图形的打印方向。

AutoCAD 支持以下几种打印方向。

纵向：选中该单选项，图形以水平方向打印在图纸上。

横向：选中该单选项，图形以垂直方向打印在图纸上。

反向打印：选中该复选框，指定图形在图纸页上倒置打印，即将图形旋转180°打印。

6. 指定图形打印到图纸上的位置

在图 8.1 所示对话框的"打印偏移"栏中即可设定图形打印到图纸上的位置，若用户在该栏中选中"居中"复选框，则图形以居中对齐方式打印到图纸上。也可在 X 和 Y 文本框中输入图形在图纸上的水平和垂直位置。

8.2 页面设置

1. 保存打印设置

在 AutoCAD 2006 中，可将设置的打印参数进行保存，在下次打印图形时将其调入图形中，作适当调整即可出图。

保存打印设置的具体操作如下。

(1) 选择"文件/打印"菜单命令，系统打开"打印"对话框。

(2) 在该对话框上方的"页面设置名"栏中单击添加按钮，打开如图 8.4 所示的"添加页面设置"对话框。

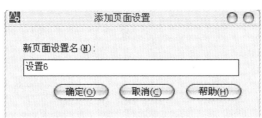

图 8.4 "添加页面设置"对话框

(3) 在"添加页面设置名"文本框中输入打印参数保存的名称，单击确定按钮。

(4) 当用户打印图形后，若将该图形保存起来，其打印参数也会随图形一并保存。

2. 修改页面设置

在 AutoCAD 2006 中，可对页面设置进行修改，在下次打印图形时将其调入图形中，作适当调整即可出图。

修改页面设置的具体操作如下。

(1) 选择"文件/页面设置管理器"菜单命令，系统打开"页面设置管理器"对话框，如图 8.5 所示。

(2) 新建。打开"页面设置管理器"对话框，单击新建按钮，从中可以为新建页面设置输入名称，并指定要使用的基础页面设置。

(3) 修改。在"当前页面设置"对话框中，可以编辑所选页面设置的设置。

(4) 输入。显示"从文件选择页面设置"对话框（标准文件选择对话框），从中可以选择图形格式（DWG）、DWT 或图形交换格式（DXF）™ 文件，从这些文件中输入一个或多个

图 8.5 "页面设置管理器"对话框

页面设置。

3.调用打印设置

当用户保存了打印参数设置后,即可将其调入到其他图形中,其具体操作如下。

在"打印"对话框的"页面设置名称"栏中单击下拉列表框,选择所需页面设置名称。

附　　　录

附录 1　AutoCAD 2006 常用命令

1. 常用绘图命令

命令	命令别名	用途
LINE	L	绘制直线
MLINE	ML	绘制多线(多重平行线)
PLINE	PL	绘制多段线
POLYGON	POL	绘制闭合多边形
RECTANG	REC	绘制矩形
ARC	A	创建圆弧
CIRCLE	C	创建圆
ELLIPSE	EL	创建椭圆
－BLOCK	－B	创建块 *
BLOCK	B	创建块
－WBLOCK	－W	写块文件
WBLOCK	W	写块文件
－INSERT	－I	插入块
INSERT	DDINSERT, I	插入块
POINT	PO	创建点对象
BHATCH	H, BH	用图案填充封闭区域
HATCH	－H	用图案填充封闭区域
TEXT		创建单行文字
DTEXT	DT	创建单行文字
－MTEXT	－T	创建多行文字
MTEXT	T, MT	创建多行文字
DIVIDE	DIV	将点对象或块沿对象的长度或周长等间距排列
MEASURE	ME	将点对象或块在对象上指定间隔放置
PLOT	PRINT	打印图形

2. 常用编辑命令

命令	命令别名	用途
ERASE	E	删除图形对象
COPY	CO,CP	复制对象
MIRROR	MI	创建镜像对象
OFFSET	O	偏移(创建同心圆、平行线或等距曲线)
－ARRAY	－AR	阵列
ARRAY	AR	阵列(创建按指定格式排列的多重对象副本)
MOVE	M	移动对象
ROTATE	RO	按指定基点旋转对象
SCALE	SC	在 X,Y,Z 方向等比例放大或缩小对象
STRETCH	S	移动或拉伸对象
LENGTHEN	LEN	拉长对象
TRIM	TR	用其他对象定义的剪切边剪切对象
EXTEND	EX	延伸对象到另一对象
BREAK	BR	部分删除对象或把对象分解为两部分
CHAMFER	CHA	给对象加倒角
FILLET	F	给对象加圆角
EXPLODE	X	将组合对象分解为对象组件
DDEDIT	ED	编辑修改文字注释
PEDIT	PE	编辑多段线

3. 缩放命令

命令	命令别名	用途
－PAN	－P	在当前视口移动视图
PAN	P	在当前视口移动视图
ZOOM	Z	放大或缩小当前视图中的对象
－PURGE	－PU	从图形中清除未使用的块定义、图层等项目
PURGE	PU	从图形中删除未使用的块定义、图层等项目
REDRAW	R	刷新图形
REDRAWALL	RA	刷新所有视口的显示
REGEN	RE	从图形数据库重生成整个图形
REGENALL	REA	重生成图形并刷新所有视口

4. 查询

AREA	AA	计算对象或定义区域的面积和周长
DIST	DI	两点之间的距离、角度
LIST	LI, LS	显示选定对象的数据库信息
ID	ID	显示点坐标

5. 尺寸标注

DIMLINEAR	DLI	直线标注
DIMALIGNED	DAL	对齐标注
DIMRADIUS	DRA	半径标注
DIMDIAMETER	DDI	直径标注
DIMANGULAR	DAN	角度标注
DIMCENTER	DCE	中心标注
DIMORDINATE	DOR	点标注
TOLERANCE	TOL	标注形位公差
QLEADER	LE	快速引出标注
DIMBASELINE	DBA	基线标注
DIMCONTINUE	DCO	连续标注
DIMSTYLE	D	标注样式
DIMEDIT	DED	编辑标注
DIMOVERRIDE	DOV	替换标注系统变量

注：*命令前加"-"是指以命令行方式运行

附录2　AutoCAD 2005、2006 及 2007 新版的改进详情

近来关于 AutoCAD 版本之争越演越烈火，现将2004后各版更新列出，想换版的人看哪个适合自己（新版包括老版的所有功能）：

2005 新功能如下。

(1) 创建表格：可以插入表格对象而不用绘制由单独的直线组成的栅格。可以通过指定行和列的数目以及大小来设置表格的格式，也可以定义新的表格样式并保存这些设置以供将来使用。使用新表格对象，可以轻松创建图形的表格和图例。

(2) 创建字段：可以在任何文字对象中插入字段，可以在图形或图纸集中显示要更改的数据。字段更新时，将自动显示最新的数据，将字段用于某些信息，如图纸编号、日期和标题。可以通过多行文字编辑器的快捷菜单插入和更新字段。

(3) 更改显示顺序：绘图时，重叠对象（例如文字、宽多段线和实体图案填充）将按其创建的顺序显示，新创建的对象在已有对象之前。可以更改任意对象的显示和打印顺序。对象的绘图顺序可以在所

有对象之前或之后,或选定的对象之前或之后。新的 TEXTTOFRONT 命令将所有文字和标注置于图形中所有其他对象之前。创建图案填充后,可以根据需要更改其绘图顺序。

(4)修剪图案填充:可以按照修剪任何其他对象的方法来修剪图案填充对象。

(5)填充存在间距的边界:如果要填充未闭合的区域,可以设置允许的间隙。任何小于等于允许的间距中设置的值的间隙都将被忽略,并将边界视为闭合。该值设置得越大,则允许存在的间隙越大。

(6)为多行文字增加背景。

(7)在多行文字中插入符号:在多行文字编辑器的快捷菜单中,单击"符号"以展开列表并选择要插入的符号。新文字符号可以使用多种字体。

(8)增加了图纸集管理器。

(9)管理图层增加:可以使用图层过滤器按名称或特性对图层进行排序,可以使用图层组将图层组织为合乎逻辑的各种类别,还可以按名称来搜索图层。

(10)其他增强。

绘图时,可以使用新的对象捕捉修饰符来查找任意两点之间的中点。如在绘制直线时,可以按住 Shift 键并单击鼠标右键来显示"对象捕捉"菜单。

现在,可以使用相对路径而不是绝对路径插入图像。相对路径是使用当前驱动器号或文件夹的部分指定的文件夹路径。

可以通过将对象(如标注、多行文字、百分度、块、图案填充和外部参照)从绘图区域拖动到工具选项板上来创建工具。

可以创建命令工具并在工具选项板上组织常用命令。也可以自定义命令工具,如设置特性(例如图层和线型)和添加弹出(嵌套的工具集)。

工具选项板组通过将工具选项板组织为逻辑集来帮助节省屏幕空间。

最大化后的视口使得在图纸空间与模型空间之间进行切换更加方便。在图纸空间中,可以最大化布局视口并在模型空间中进行更改。

2006 版改进如下。

(1)弧长标注:可以使用弧长标注来测量和显示圆弧的长度,可以在标注样式管理器中设置标注样式。选择圆弧后,拖动光标以显示其标注。

(2)折弯半径标注:如果圆弧或圆的圆心位于图形边界之外,可以使用折弯标注测量并显示其半径。

(3)固定长度的尺寸界线:可以在"标注样式"对话框中为尺寸界线指定固定的长度。默认情况下,将从标注的对象开始绘制尺寸界线,一直到放置尺寸线的位置。

(4)标注线型:可以使用"标注样式"对话框和"特性"选项板为尺寸线和尺寸界线指定不同的线型。

(5)翻转箭头:可以更改标注上每个箭头的方向。

(6)合并线段:可以将直线、圆、椭圆弧和样条曲线等独立的线段合并为一个对象。选择两条不连续的直线段,用 JOIN 命令将两条直线连接起来,创建了一条直线段。也可以合并具有相同圆心和半径的连续与不连续的弧线段,或合并连续与不连续的椭圆弧线段。

(7)倒角和圆角:现在 FILLET 和 CHAMFER 已变得更加有效。使用其中任意一个命令,都可以使用"多个"选项为多组直线添加圆角或倒角,而不必重新启动命令。通过按住 Shift 键并选择两条直线可以快速创建零距离倒角或零半径圆角。

(8)旋转多个对象。

借助夹点模式修改对象时,可以创建对象的多个副本。

以角度为间隔复制多个对象。

在放置多个旋转的副本时,可以指定旋转角度。

创建多个偏移。

现在可以将对象偏移多次而无需退出该命令。

(9) ROTATE 和 SCALE 命令现在有"复制"选项。旋转或缩放对象时，可以使用此选项创建对象的副本。

(10) 可以使用栏选和窗选方式一次修剪和延伸多个对象。也可以按 Shift 键，在"修剪"和"延伸"命令之间切换。

(11) STRETCH 和 MOVE 命令现在具有一个位移选项，可用来设置相对距离和方向。最后输入的位移值会被保留。STRETCH 只会移动完全包含在交叉窗口内的顶点和端点，部分包含在交叉选择窗口内的对象将被拉伸。使用 STRETCH 命令，现在可以用交叉窗口选择多个对象的多个部分并同时拉伸它们。

(12) 可以在创建矩形时指定其面积和旋转角度，可以通过指定旋转角度来创建矩形。

(13) 可以使用"图案填充编辑"对话框编辑图案填充边界，可以在创建图案填充或编辑图案填充时添加或删除内部孤岛，可以添加边界。也可以使用"特性"窗口中新的"面积"特性快速测量图案填充的面积。如果选择多个图案填充，可以查看它们的总面积。

(14) 将同一个填充图案同时应用于图形的多个区域时，可以指定每个填充区域都是一个独立的对象。可以修改一个区域中的图案填充，而不会改变所有其他图案填充。

(15) 可以通过指定图案的起始点来更改图案填充的对齐方式，可以使用当前原点，通过拾取一个点来设置位置，指定图案的角点作为原点，使新的原点设置成为默认设置。

(16) 可以在图案填充周围重新创建一个边界并将其与图案填充对象相关联（后者为可选操作）。重新创建的图案填充边界可以是多段线对象，也可以是面域对象。

还可以使用"关联"选项将边界与图案填充相关联。这样，当调整边界的大小时，将自动调整图案填充的大小。如果图案填充失去与其边界的关联，可以重新创建边界，而不必删除并重新创建图案填充。

(17) 使用在位文字编辑器，现在可以精确查看与图形相关的文字。在位文字编辑器显示了顶部带有标尺的边框和更新的"文字格式"工具栏。可以从 ASCII 或 RTF 格式输入或粘贴文字。"文字格式"工具栏包含新的"选项"按钮，该按钮可使访问快捷菜单变得轻松。它包括控制"文字格式"工具栏显示的选项并提供其他编辑选项（如新格式设置、项目符号和列表等）。在位文字编辑器是透明的，因此在其中输入文字时可以看到背景。

还可以通过以下方式平移和缩放文字。

使用鼠标滚轮按钮。

选择"视图/平移或查看/鸟瞰视图"。

"文字格式"工具栏还包括 3 个新功能。

倾斜角度。决定文字是向前还是向后倾斜。正倾斜角度使文字向右倾斜，负倾斜角度使文字向左倾斜。

追踪。减小或增大选定字符之间的间隔。可以将其设置为大于 1.0 来增大间隔，设置为小于 1.0 来减小间隔。

宽度比例。加宽或变窄选定的字符。如可以使用宽度比例 2 使字符的宽度加倍，也可以使用宽度比例 0.5 使宽度减半。

(18) 现在可以将多行文字的格式设置为用项目符号、数字或字母编号的列表。还可以设置子项列表格式并自动进行更新。

可以将列表格式应用于选定的文字，也可以在输入时创建列表。可以将格式应用到新输入的文字或选定的文字中。

(19) 可以通过按住某个键或组合键临时打开或关闭绘图辅助工具（如对象捕捉和追踪）。

(20) 显著改进：动态块中定义了一些自定义特性，可用于在位调整块，而无需重新定义该块或插入另一个块。例如,可能需要调整桌子块参照的大小。如果块是动态的并且定义了可调整的大小,就可以通过拖动自定义夹点或通过在"特性"选项板中指定不同的大小,更改桌子的大小。

(21)动态输入:使用动态输入,可以在工具栏提示而不是命令行中输入坐标值。

光标旁边显示的工具栏提示信息将随着光标的移动而动态更新。当某个命令处于活动状态时,可以在工具栏提示中输入值。

动态输入不会取代命令窗口。

动态输入有两种类型:指针输入,用于输入坐标值;标注输入,用于输入距离和角度值。

可以通过单击状态栏上的 DYN 或使用命令行中的 DYNMODE 变量来打开或关闭动态输入。该变量设置为非零值时,输入是相对的而不是绝对的。

(22)在表格中使用公式:可以在表格中插入简单的公式来计算总计、计数和平均值,以及定义简单的算术表达式。

要在选定的表格单元格中插入公式,请单击鼠标右键,然后选择"插入公式"。

也可以使用在位文字编辑器来输入公式,可以双击单元格以打开在位文字编辑器,然后输入用于计算的公式。

对于算术表达式,等号(=)使单元格可以使用以下运算符,根据表格中其他单元格的内容来计算数值表达式:+ , - , / , * , ^ 和 = 。

(23)可以使用快速计算器来执行各种数学和三角计算。

快速计算器采用标准的数学表达式和图形表达式,包括交点、距离和角度计算。

(24)图形修复器:可以检索图形的备份文件或自动保存的版本。

程序或系统出现故障后,下次启动 AutoCAD 时将打开图形修复管理器,它显示发生故障时所有打开的图形文件的列表。

(25)现在,仅通过一步操作就可以放弃或重做连续的缩放和平移操作。

点击"工具/选项/用户系统配置"选项卡,然后选择"缩放和平移"命令。

放弃或重做之后,会将视图恢复到原始缩放位置。

(26)其他:锁定工具栏和选项板;从块属性提取数据;管理比列缩放列表;个性化工作空间、自定用户界面;临时替代键。

参考文献

[1] 传奇动画工作室.AutoCAD 2006中文版机械制图设计必成功略[M].北京:电子工业出版社,2006.

[2] 廖念禾.AutoCAD 2006中文版全接触[M].北京:中国水利水电出版社,2006.

[3] 徐建平,黄亮,乔小军.精通AutoCAD 2006中文版/AutoCAD 2006应用与开发系列丛书[M].北京:清华大学出版社,2005.

[4] 胡仁喜,倪祥明,方跃春.AutoCAD 2006中文版标准教程[M].2版,北京:科学出版社,2005.

[5] 蒋晓,苗春,沈培玉.中文AutoCAD 2006机械设计实例培训教程[M].北京:机械工业出版社,2006.

[6] 崔洪斌,常玮.AutoCAD机械制图习题集锦(2006版)[M].北京:清华大学出版社,2005.

[7] 赵海东.AutoCAD 2000三维绘图实例创作节节高[M].北京:北京理工大学出版社,2000.

[8] 索双有.突破AutoCAD 2002创作实例五十讲[M].北京:中国水利水电出版社,2001.

[9] 东方人华.AutoCAD 2002入门与提高[M].北京:清华大学出版社,2003.

[10] 胡建生.AutoCAD 2004绘图及应用教程[M].北京:机械工业出版社,2006.